Arnoldo Canclini

INSTRUCCIONES PARA UNA NUEVA VIDA EN CRISTO

Publicado por
Editorial **Unilit**
Miami, Fl. 33172

Primera edición 1997

Cubierta diseñada por: Ximena Urra

Producto 497481
ISBN 1-56063-998-9
Printed in Colombia

Contenido

TERCERA PARTE
Cómo crecer en la vida cristiana

PRÓLOGO

Estas páginas han sido escritas pensando en aquellos que, de una manera u otra, han comenzado una nueva etapa, una nueva experiencia: tener a Cristo en el corazón. Nada más importante puede ocurrir a un ser humano y por eso vale la pena pensar bien qué significa y cómo disfrutar de ella.

El autor ha procurado ser lo más sencillo posible. En sus cuarenta años de ministerio cristiano, ha hablado de estos temas cientos o miles de veces y ha aprendido que este momento trascendental, el paso de la muerte espiritual a la vida eterna, no es el más apropiado para reflexiones profundas o estudios doctrinales. Por lo tanto, esto es sólo el comienzo, lo imprescindible, para iniciar un camino que debe continuar hasta el fin de la carrera terrena. Quiera Dios que, si es lo primero que llega a las manos del lector, su hermano en Cristo, sirva, más que nada, para llevarle a una continua lectura de la Palabra de Dios y luego de otros libros cristianos.

Son muchos los libros como éste que se han producido. En general, son de uno de dos tipos. Unos están organizados para el estudio, sea individual, sea en grupos. Otros, simplemente para su lectura y reflexión. Este pequeño trabajo pertenece al segundo tipo y es probable que sea bueno que quien haya tenido una real experiencia con su Salvador y, como consecuencia, se esté integrando a la vida de una iglesia, participe en alguna forma de estudio para afirmar estas ideas.

Quien nos lea, sepa que cada línea ha sido escrita en espíritu de oración por la conciencia de la necesidad que tiene nuestro nuevo hermano y la responsabilidad de querer ayudarle en su camino con Jesucristo.

El autor

PRIMERA PARTE

La experiencia cristiana

Las grandes experiencias de la vida no se pueden explicar. Por razones elementales, nadie puede explicar lo que es nacer o morir. Pero tampoco se puede transmitir lo que significa enamorarse, formar una pareja, tener hijos o nietos y muchas otras cosas que afectan sustancialmente la vida.

Precisamente por eso, resulta imposible decir todo lo que representa el haber nacido a la nueva vida en Cristo. Como en los otros casos, sí se pueden expresar algunos de sus aspectos y consecuencias y eso es lo trataremos de hacer en estas páginas. Muchas veces, hay personas que han tenido una experiencia real y profunda con Cristo, pero tienen dudas de si es verdadera o completa. La única respuesta a esa inquietud está en la Biblia y nada puede reemplazar su lectura; sin embargo, al repasar estos párrafos, el lector encontrará una guía para aplicar las enseñanzas de la Palabra de Dios. No es una obra de teología ni mucho menos, sino la exposición lo más sencilla posible de aquello que debe ir aprendiendo el que quiere tener una vida victoriosa con su Salvador Jesucristo.

Lo haremos en tres etapas. Esta primera tratará de exponer qué es esa experiencia. La segunda explicará muy resumidamente los puntos elementales de la doctrina cristiana y finalmente daremos algunas orientaciones para que esa nueva vida sea aprovechada en toda su extensión. Vamos, pues, al primer punto. ¿Qué ocurre en nosotros, qué elementos aparecen cuando tenemos una experiencia con Cristo? Enumeremos algunas cosas, para ayudarnos a entender algo tan hermoso.

1. Incluye varios aspectos

Así como el nacimiento incluye dejar el seno materno, asomarnos a la luz, dar los primeros gritos, hacer los primeros movimientos, comenzar a alimentarnos, etcétera, el "nuevo nacimiento" (una de las formas en que la Biblia denomina esta experiencia) también tiene una gran riqueza que hay que ir comprendiendo. En ella podemos mencionar:

1. Comprendemos que hemos quebrantado la ley de Dios, o sea que somos pecadores y que no tenemos forma alguna de escapar de ello por nuestros medios. Eso se llama comúnmente *convicción de pecado*.

2. Cuando nos damos cuenta del mal que nos hemos hecho a nosotros mismos, quizá a otras personas y de cómo hemos ofendido a Dios que es amor, sentimos dolor por lo que hemos hecho, tomando la decisión de abandonar el pecado. Eso es lo que conocemos como *arrepentimiento*.

3. De alguna manera, se nos explica que Jesucristo el Hijo de Dios vino al mundo a derramar su sangre por nosotros y limpiarnos así de nuestro pecado; le entregamos nuestra vida para mostrar que confiamos en él y entonces actuamos de acuerdo a la *fe*.

4. Empezamos entonces un nuevo camino, consciente de que nuestra vida anterior debe ser cambiada por otra de acuerdo a la voluntad de Dios. A ese hecho lo conocemos como *conversión*.

Esa es la parte que nos corresponde a nosotros, los seres humanos. Cuando lo hacemos así, Dios produce varios fenómenos en nosotros, de algunos de los cuales hablaremos luego en detalle. Él nos da la *regeneración* —que enseguida comprendemos que es otra forma de decir "nuevo nacimiento"—, nos recibe como sus hijos (*adopción*), borra nuestros pecados declarando que ahora somos justos delante de él (*justificación*) y otras acciones divinas que son, en última instancia, caras del mismo hecho.

Lo importante es que, comprendiendo que somos pecadores, aceptemos la obra de Cristo, para empezar con él una nueva vida

Entendamos bien que no se trata de analizar nuestra experiencia para ver si cada una de esas cosas se han ido produciendo en ese orden. Por lo común, todo es simultáneo y no se puede distinguir una cosa de otra. Lo importante es que, comprendiendo que somos pecadores, aceptemos la obra de Cristo, para empezar con él una nueva vida.

2. Se la puede describir como un nuevo nacimiento

Eso fue lo que dijo Jesús al sabio Nicodemo: "Os es necesario nacer de nuevo" (Juan 3:7). El apóstol Pablo, por su parte, lo explica así:

> *Si alguno está en Cristo, nueva criatura es; las cosas viejas pasaron; he aquí todas son hechas de nuevas.*
>
> 2 Corintios 5:17

Tengamos en cuenta que aquí la palabra "criatura" no se refiere tanto a un bebé (lo que podría ser) sino a algo que es creado por Dios. Una vez él nos puso físicamente en el mundo por medio de nuestros padres; ahora nos ha hecho ciudadanos del reino de los cielos por medio de su Hijo. Si nacemos a un mundo nuevo, es natural que veamos todo nuevo; por supuesto, el mundo y la gente no cambian, pero sí nuestra forma de verlos. Pablo dice que ahora "no conocemos según la carne" (lo que nos muestran nuestros sentidos) sino con los ojos de Cristo.

La idea de un nuevo nacimiento lleva necesariamente a otra: la necesidad de crecer. Todos los padres y madres creen que su hijito es el más hermoso del mundo, pero les dolería mucho que siguiera siendo siempre un pequeñito. Lamentablemente, eso ocurre con muchos cristianos. También es el apóstol Pablo el que dice a los creyentes de Corinto que, como ellos seguían siendo niños en Cristo, él tenía que seguir dándoles leche y no carne.

Ahora bien, ninguno de nosotros hizo nada por nacer. Todo fue hecho por nuestros padres. Pero para crecer cada uno tuvo que alimentarse y con el tiempo ir haciendo otras cosas que su físico y su mente exigen. Lo mismo ocurre con la vida cristiana. Para nacer de nuevo, sólo es necesario permitir la acción de Dios en nosotros. Pero para crecer, Dios nos da el privilegio de apelar a los medios que él ha provisto para eso. Buena parte de lo que sigue se refiere a eso.

3. También debe entenderse como un encuentro con Cristo

Todo lo que se refiere a nuestra salvación, a nuestra nueva vida proviene de la acción de Jesucristo. Sin ella, no habría posibilidad alguna para nosotros. Un encuentro con Cristo exige una actitud personal. Si bien a veces Dios toca el corazón. Quizá nadie lo note, salvo él y cada uno de nosotros, pero debemos tener conciencia de ello. Un conocido y emotivo pasaje nos dice:

> Con Cristo estoy juntamente crucificado, y ya no vivo yo, mas vive Cristo en mí; y lo que ahora vivo en la carne, lo vivo en la fe del Hijo de Dios, el cual me amó y se entregó a sí mismo por mí.

Gálatas 2:20

4. Llegamos a esa experiencia por caminos muy diferentes

Algunos tienen el privilegio de haber sido criados en hogares donde Cristo ya era el Señor y donde las enseñanzas de la Biblia eran cosa corriente, así como la participación en la vida de la iglesia. Estos deben agradecer a Dios por el milagro que ha hecho evitándoles muchos dolores y tentaciones.

Otros conocen al Salvador más tarde en la vida. Algunos quizá asisten a la escuela dominical u otra forma de trabajo de la iglesia desde su infancia y su experiencia es parecida a la de los primeros. En otros casos, Dios se hace conocer por medio de una predicación, un testimonio personal, un mensaje por radio, una lectura de la Biblia u otro libro o de alguna manera. Estos son los que tienen generalmente más cosas que dejar y más cosas que aprender. Para éstos es que se han escrito especialmente estas páginas.

5. Es un requisito universal

Queremos decir que no hay nadie que no deba pasar por esa experiencia si quiere alcanzar la vida eterna. Quizá algún lector sea hijo de un predicador y ha oído estas palabras desde la cuna y quizá haya un perdido que ha recorrido los caminos del vicio y del delito. Quizá se trata de un honrado padre de familia o una laboriosa ama de casa o, al contrario, jamás haya hecho nada útil. Tal vez fue criado en la fe judía o alguna otra y tal vez haya ejercido algún ministerio llamado cristiano sin entender realmente lo que hacía. Puede ser que recién se esté asomando a la adolescencia o esté ya en el ocaso de la ancianidad. Pero siempre, en todos los casos, no hay otro camino que el encuentro personal con aquel que vino "para que tengan vida y la tengan en abundancia".

Hay un camino que Dios ha provisto, el de Cristo Jesús, y no podemos pretender que hemos descubierto otro mejor.

Por eso, debe subrayarse que se trata de un *requisito*. Es algo ineludible y que no podemos compensar con la educación, la buena conducta, la ayuda benéfica, el orden personal, etcétera. Hay *un* camino que Dios ha provisto, el de Cristo Jesús, y no podemos pretender que hemos descubierto otro mejor. Mucha gente dice: "Yo creo que..." o "Yo pienso de otra manera" o "Yo no puedo aceptar eso". Es como si, para ir de Suramérica a Norteamérica, alguien dijera que cree mejor ir a la India o a Grecia. Llegará a la India o a Grecia, pero no a su meta. Ese tipo de gente, tan común, quizá llegue a un buen lugar, pero no a una nueva vida con Cristo.

6. Se puede producir de muchas maneras

Tenemos una tendencia a querer copiar las experiencias ajenas y eso es un error. Si cada uno de nosotros es diferente, aunque todos nos encontremos con la misma persona de Jesucristo, es normal que nuestras experiencias varíen, sea porque nosotros mismos somos diferentes, sea porque Dios sepa que así es mejor.

Algunas personas tienen una experiencia cargada de emociones; quizá se pongan a llorar o sientan el deseo de abrazar a todos. Otros, por el contrario, más dados al razonamiento, se alegrarán de ver tranquilamente la riqueza de los conocimientos adquiridos.

En algunos casos, los cambios son rápidos y aun repentinos. De un momento para otro, Dios cambia a alguien radicalmente. Esto suele ser tomado en burla por los incrédulos, que desconocen el poder de Dios. Pero no siempre es así y no hay que preocuparse; en otras vidas, Dios actúa más lentamente, haciendo cambios graduales, tal vez en medio de muchas luchas. No es simple decir por qué ocurre de esa manera, pero hemos de pensar que Dios sabe lo que es mejor.

7. Significa un paso de muerte a vida

Aunque nuestra experiencia pueda ser gradual, con distintas etapas, siempre hay un momento —que quizá sólo Dios conoce— cuando se produce en nosotros el gran cambio. Pablo lo explica diciendo:

> *Él os dio vida cuando estabais muertos en vuestros delitos y pecados ... Por su gran amor con que nos amó, aun estando nosotros muertos en pecados, nos dio vida juntamente con Cristo.*

> Efesios 2:1,4-5

O sea que sin Cristo estábamos muertos, con Cristo tenemos vida, por supuesto vida espiritual. Se puede estar vivo física e intelectualmente pero muerto espiritualmente si no se tiene relación con quien es la fuente de la vida. Esto es una verdad muy importante: el evangelio no es una religión sino una vida. Quien se entrega a Cristo no se convierte a una nueva religión; éstas no son sino una serie de doctrinas y de prácticas de culto, generalmente con normas morales. Pero sólo Dios puede darnos una vida a la que agregamos todo lo otro para poder disfrutar de esa vida.

No podemos llegar a la presencia de Dios poco a poco. Cada progreso o nuevo conocimiento puede ser bueno, pero no se puede ir teniendo vida poco a poco si uno está muerto. No es cuestión de estar mejor o peor, sino simple y directamente de estar vivo o muerto. Así como un muerto no puede hacer nada, el hombre debe reconocer que sólo Dios puede darle la vida que necesita. Eso nos impulsa más aún a dar nuestro testimonio a otros, porque nos revela la gravedad de la situación del hombre sin Dios.

No podemos llegar a la presencia de Dios poco a poco. Cada progreso o nuevo conocimiento puede ser bueno, pero no se puede ir teniendo vida poco a poco si uno está muerto

8. Significa una vida que es eterna

Nuestros padres nos dieron una vida de acuerdo a lo que son o han sido. Así como sus años están limitados, también lo estará nuestra vida sobre la tierra, pues todos hemos de morir alguna vez, Pero la vida que Dios nos da también es de acuerdo a lo que él es, porque si no, sería una contradicción. El Dios eterno nos da una vida que es eterna, o sea que no tendrá fin. La Biblia siempre presenta esa nueva vida como algo eterno; por ejemplo en 1 Juan 5:13, el Apóstol dice que escribe para que sus lectores recuerden que tienen "vida eterna".

Una confusión muy común es la de creer que la vida eterna comienza cuando morimos. Cuando Cristo, el Hijo de Dios eterno, entra en nuestras vidas, ya somos eternos, ya nadie nos puede quitar lo que el Señor nos ha dado. Por ahora, disfrutamos parcialmente, porque estamos sometidos a todo lo que surge de nuestra vida en este mundo, que se opone al gozo que Dios quiere que tengamos en él. Pero eso es sólo para que ansiemos más la hora en que seamos "desatados" (la palabra es de Pablo) para vivir plenamente con el Señor, lo que ocurrirá el día de nuestra muerte física.

> *Amados, ahora somos hijos de Dios, y aún no se ha manifestado lo que hemos de ser; pero sabemos que cuando él se manifieste, seremos semejantes a él, porque le veremos tal como él es.*

> 1 Juan 3:2

9. Lleva a un cambio total de vida

Por supuesto, si es un paso de la muerte a la vida, si es un nuevo nacimiento, es lógico que enfrentemos una vida completamente nueva. En esto también se producen diferencias. En algunos, ese cambio es súbito o al menos muy rápido y los demás lo notan, señalando cómo ven diferente al que ha tenido un encuentro con Cristo. Otras veces cambian pronto algunas cosas y otras no y en ciertos casos, toda la vida va evolucionando en forma paulatina.

Pero lo que debemos entender es que Dios no nos pide sólo una entrega de nuestra alma o espíritu, sino de toda la vida. Él quiere hacernos completamente de nuevo. Nuestra vida espiritual siente la presencia divina en su interior. Cambian nuestros sentimientos: somos capaces de amar, de perdonar y de ayudar a quienes antes odiábamos, guardábamos rencor o pasábamos por alto. Cambian nuestros pensamientos, pues sentimos un deseo de aprender. Cambia nuestro enfoque de la vida, que quizá antes era improductivo o fastidiosa a los demás y que ahora Dios hace útil a la sociedad y la familia. Cambia inclusive nuestro cuerpo, ya que al dejar algunos vicios o al tener una vida más ordenada, éste se adecua mejor a aquello para lo que fue creado.

Agreguemos que también ese cambio total es eterno. Nuestro espíritu se unirá al canto de los ángeles, pero también nuestro corazón y nuestra mente serán renovados; por ejemplo, Pablo expresa su seguridad de que, si nuestro conocimiento actual es limitado ("como por espejo"), en la eternidad "conoceré como soy conocido" (1 Corintios 13:13). También se nos promete un cuerpo renovado, glorificado a la imagen del cuerpo del Cristo resucitado:

Es necesario que esto corruptible se vista de incorrupción, y esto mortal se vista de inmortalidad.

1 Corintios 15:53

Precisamente por todo ello, se trata de un cambio de fondo, radical. Se puede decir que, en cuanto a lo terreno, es una nueva forma de ver la vida. Lo que antes podía considerarse sin importancia se transforma en algo que puede llegar a ser instrumento de Dios. Lo mismo ocurre en cuanto al futuro; no sólo tenemos confianza en que, haciendo nuestra parte, él estará siempre con nosotros, sino que ya no hay por qué temer ni a la misma muerte. Muchos sienten cómo cambian sus costumbres, sus gustos y sus formas de actuar. Aparece una nueva paz y mansedumbre, los chistes y las palabras de mal gusto pierden su interés, las groserías habituales se hacen chocantes, las amistades cambian y hay un deseo de fortalecer aquellas con las que se puede hablar de cosas espirituales. Quizá lo más notorio es cómo aun personas que nunca

salían de su casa, ni a visitar familiares, ahora ven como cosa
normal ir, quizá varias veces por semana, regularmente a la iglesia.

10. Los aspectos espirituales se hacen importantes

Por ejemplo, se siente placer en la oración. Quizá antes se llamaba
a Dios cuando había una necesidad grave o urgente, pero ahora hay
una alegría especial en hablar con él con frecuencia y por cualquier
motivo.

La Biblia adquiere una gran trascendencia. Se siente urgencia por
tener un ejemplar propio y hasta uno de buena calidad en lo
impreso. A veces se cae en usos más o menos supersticiosos, como
el sentirse mejor por tenerla en la mano o creyendo que basta citar
una frase para tener algún efecto espectacular; por supuesto, Dios
puede bendecir prácticas que son fruto de la sinceridad e inmadu-
rez, pero es uno de los aspectos en los que se puede ir creciendo.

**Quizá antes se llamaba a Dios cuando había una
necesidad grave o urgente, pero ahora hay una
alegría especial en hablar con él con frecuencia
y por cualquier motivo**

Asimismo, en muchos surgen un deseo de nuevas lecturas, por
ejemplo de libros y revistas relacionados con la vida espiritual o la
iglesia.

Al principio, es imperiosa la necesidad de hablar a otros de lo
ocurrido. Muchas veces se hace fácil porque los demás descubren
nuestro cambio en nuestras reacciones, nuestra vida familiar o
nuestra manera de hablar. La mayoría se siente como necesitada de
buscar a otros para compartir lo que les ha pasado y es bien sabido
que no hay mejor evangelista que el recién convertido.

Tal vez lo más notable es el lugar que ocupa la iglesia. Hay casos
aislados en que alguien no siente deseo de participar de ella, sobre
todo si su experiencia no ha surgido por una relación clara con su
ministerio, por ejemplo si ha llegado por la radio o una lectura. Pero
en general hay una alegría especial de reunirse con otros y se espera

ansiosamente el momento apropiado para hacerlo. La palabra "hermano", aplicada a los demás creyentes se hace una realidad.

11. Hay sentimientos nuevos en lo interior

Esto depende de cómo ha sido la vida previa y de las circunstancias que ordena la vida actual, pero lo lógico es que haya un cambio. Lo más evidente suele estar en lo emocional. Aparece una nueva alegría y entusiasmo, que la Biblia califica bien como "gozo": no es la alegría de un momento por una causa especial ni la felicidad, que no tiene altibajos. Es un placer suave y permanente, que no depende de las circunstancias, que valoriza los momentos positivos y da fuerza para los contrarios.

En general, también se presenta una sensación de seguridad. Al no haber más motivos para temer por el futuro, se alcanza una tranquilidad que asombra tanto al que la disfruta como a los demás. Se manifiesta especialmente en momentos de duelo o en otras crisis.

Eso no significa que desaparecen los problemas. Más bien, debe reconocerse que se presentan otros nuevos. Eso es natural: si hay una nueva vida, en medio de un mundo que no la tiene ni la comprende, es lógico que haya malentendidos y en algunos casos hasta hostilidad y persecuciones. Al margen de tales casos extremos, las dificultades se encuentran especialmente en el área de las relaciones, sea en la familia, en los negocios, en la vecindad, etcétera.

Parte de esas dificultades tienen que ver con la tentación. El diablo se transforma en nuestro enemigo. Más aún, sabe que está librando la última batalla, que si no consigue apartar a un creyente cuando aún no se ha afirmado en la fe, ya no lo podrá recuperar jamás. Surgen generalmente frases hechas, pero de gran impacto como que no hay que ser fanáticos, que los cristianos tienen fallas o son hipócritas, que hay contradicciones en la Biblia, que no podemos estar seguros de esto o lo otro, etcétera. Para todo ello hay respuestas fáciles, pero que no siempre son recordadas.

En muchos casos, se presenta un gran sentido de misión. Son muchos los que el Señor ha llamado a una consagración total a la obra en el mismo momento de su conversión, pero en general no es así. Sin embargo, la necesidad de utilizar el nuevo sentido de la vida en el servicio de Dios suele hacerse imperiosa y responder a reales llamados de Dios.

Hay muchas otras cosas, que podríamos decir sobre la experiencia más importante de la vida. Lo que se ha apuntado es sólo para dar alguna orientación y no para que cada cual haga un examen punto por punto. Lo que aún no ha surgido puede aparecer en breve y eso será uno de los aspectos hermosos de la vida cristiana: que Dios siempre tiene reservadas nuevas razones para alabarle. Lo más importante es entregarle toda la vida con plena confianza en su amor y su poder.

SEGUNDA PARTE

Qué debo creer

La vida cristiana es precisamente eso: una vida. Nadie se preocupa demasiado por saber qué significa estar vivo. Eso ocurre con todas las cosas realmente importantes; por ejemplo, cuando una persona se enamora, no busca un libro para que le explique qué es el amor. En cierta ocasión, Jesucristo sanó a un ciego y sus enemigos querían discutir su experiencia con sabiduría, el hombre declaró: "una cosa sé: que habiendo yo sido ciego, ahora veo" (Juan 9:25).

Esto es muy simple y no puede discutirse. Sin embargo, aparecen algunos aspectos que hacen pensar. Por ejemplo, ¿cómo sé yo que mi experiencia es algo real y no una fantasía, un error o una ilusión? ¿No es cierto que muchas veces creemos estar sanos y sin embargo podemos tener una enfermedad grave? Si vamos conduciendo un vehículo por las calles, no nos confiamos sólo en nuestros sentimientos o en nuestros recuerdos para saber que vamos en la dirección correcta y no de contramano. Y aun cuando nos enamoramos, ¡bien pueden tener razón los que nos advierten que tal persona no nos conviene!

Del mismo modo, nadie puede declararse satisfecho con lo primero que oye, pensando que no necesita saber más. Apenas quiere disfrutar algo más de su experiencia, le surgen muchas preguntas. Pueden ser cosas prácticas como desear saber cuál es la voluntad de Dios en algún aspecto o puede ser una sana curiosidad de entender mejor, por ejemplo, qué significa que yo soy pecador o cuáles son las promesas divinas para el fin de los tiempos. Todo es estudio, que viene luego de una experiencia real, es lo que se llama *doctrina*.

Esta palabra asusta a algunos, pero no hay motivos para ello. Es cierto que a veces exige un esfuerzo o que puede llegar a ser profunda —y entonces hablamos de "teología"— pero la realidad es que todos nos dedicamos a ella sin darnos cuenta. Cuando decimos, por ejemplo: "Yo creo que la Biblia es la Palabra de Dios" o "Sé que hay una vida después de la muerte", estamos haciendo afirmaciones doctrinales.

> **Nadie puede declararse satisfecho con lo primero que oye, pensando que no necesita saber más. Apenas quiere disfrutar algo más de su experiencia, le surgen muchas preguntas**

Pongamos un ejemplo, que de paso sirve para mostrar que lo que nos da la salvación es la fe en Cristo y no el estudio doctrinal. La primera persona salvada por él fue el ladrón que moría en una cruz a su lado. Por supuesto, no hizo ningún curso de doctrina. Pero ya afirmaba una verdad doctrinal cuando le decía "Señor", o cuando habló de su "Reino", o cuando daba por sentado que Jesús era alguien que podía acordarse de él.

Alguien ha dicho que la vida cristiana es como un nuevo territorio al que entramos y que la doctrina es como el mapa que nos orienta para recorrer y conocer algunos lugares especiales, o como la brújula que nos muestra la dirección en que debemos ir. Por eso, todo nuevo cristiano debe tener en claro cuál es el camino que está recorriendo. Si usted compra una casa, revisa bien los planos, verifica el título de propiedad y cuida de que los impuestos hayan sido pagados. No puede hacer menos cuando se trata de lo que tiene que ver con Dios y con su propia vida eterna.

Las páginas siguientes tienen que ver con eso. Veremos muy sencilla y resumidamente algunos temas básicos, teniendo conciencia de que sólo estaremos empezando a entrar en materia. Una regla básica es que toda doctrina deberá estar basada en la Biblia; por eso, citaremos algunos versículos, peor trataremos de que no sean demasiados, a fin de facilitar la lectura. Por eso, insistimos a los lectores que sigan leyendo en otros libros más completos.

Muchos pensadores han expuesto "pruebas" de la existencia de Dios, pero la realidad es que nadie ha llegado a creer en él gracias a esas explicaciones

La experiencia cristiana es el encuentro de Dios y el hombre. Por eso, empezamos hablando de Dios y del hombre. De allí pasamos a las consecuencias de ese encuentro, primero en la vida actual y luego para la eternidad. En algunos puntos, no todos los cristianos están de acuerdo, pero no hay que preocuparse por ello. Sí lo están en lo que importa para la salvación y es un error que ha hecho muchos males el poner énfasis en los aspectos secundarios que pueden separarnos. Por eso, no trataremos esos temas que algunos creen importantes, pero que no afectan la realidad de la experiencia. Nuestro interés está en lo que decía el apóstol Pablo:

Que todos lleguemos a la unidad de la fe y del conocimiento del Hijo de Dios ... para que ya no seamos niños fluctuantes, llevados por doquiera de todo viento de doctrina ... sino que siguiendo la verdad, en amor, crezcamos en todo en aquel que es la cabeza, esto es, Cristo.

Efesios 4:13, 14,15

1. DIOS

La Biblia empieza diciendo:

En el principio creó Dios los cielos y la tierra.

Génesis 1:1

Por supuesto, esto afirma que Dios es el Creador. Pero además nos muestra que la Escritura no se detiene a probar la existencia de Dios, la da por sentada e inclusive declara:

Dijo el necio en su corazón: No hay Dios.

Salmo 14:1

Muchos pensadores han expuesto "pruebas" de la existencia de Dios, pero la realidad es que nadie ha llegado a creer en él gracias a esas explicaciones, sino poniendo su fe en un contacto personal. Basta eso para que no nos detengamos en el tema.

Pero así vemos que Dios es el que ha creado todo lo que existe. No hay ninguna explicación mejor de cómo puede haber salido este mundo de la nada (crear es precisamente hacer surgir algo de la nada). El Génesis nos explica algunas detalles de cómo lo hizo, pero como no es un libro de ciencia, hay muchas otras cosas que el Señor ha querido dejar para que los hombres los investiguen. Basta pensar que sin él, su voluntad y su acción no habría nada.

Muchas personas tienen dificultad porque no logran imaginar cómo es Dios. Por supuesto, ninguno de nosotros puede saberlo, ya que es superior y diferente a todo lo que podamos imaginar. Por ejemplo, Jesucristo mismo dijo: "Dios es espíritu" (Juan 4:24). No tiene cuerpo. Nadie puede verlo, tocarlo o dibujarlo ...aunque muchos lo traten. Otra dificultad es cuando decimos que él es *una Persona*, porque esa palabra nos hace pensar en alguien como nosotros, con una apariencia visible, con una vida limitada y hasta con errores y defectos. Pero Dios no es así. Cuando decimos que es una Persona, estamos señalando que no es una fuerza, una energía, una serie de ángeles, sino alguien con quien podemos entrar en contacto, hablar y sentir. Dios nos conoce, porque tiene una inteligencia perfecta. Dios tiene voluntad propia y no está manejado por otras fuerzas o pasiones. Por supuesto, Dios actúa desde el día de la creación hasta que nos hizo de nuevo en nuestro corazón.

Muchas personas tienen dificultad porque no logran imaginar cómo es Dios... nadie puede verlo, tocarlo o dibujarlo ...aunque muchos lo traten

---

Eso significa muchas cosas. Por ejemplo, lo que señaló Moisés: "Nuestro Dios, *uno es*" (Deuteronomio 6:4). No hay muchos dioses, como creían los antiguos y además es *alguien* y no simplemente la fuerza que mueve las cosas o la totalidad de lo que existe.

Por eso, decimos que Dios es infinito, o sea que no tiene ni principio ni fin. Él no empezó a existir en una fecha ni se acabará en otra. Tampoco se lo puede medir, como a uno de nosotros que tiene un metro setenta o una corriente eléctrica, que tiene tantos vatios.

Por eso, Dios es eterno. Dice el Salmo 90:

Antes que naciesen los montes y formases la tierra y el mundo, desde el siglo y hasta el siglo, tú eres Dios. (v.2).

Lo que aplicamos al tiempo, lo podemos aplicar también al espacio. Dios es omnipresente. Él estuvo con Moisés, con Pablo, con todos los profetas y predicadores de todos los tiempos. Y también estuvo, está y estará en mi ciudad, en la India, en el África, en el planeta Venus y en la estrella más lejana. En el Salmo 139, el poeta bíblico señala cómo no hay lugar en el que podamos escondernos de él.

Eso exige otra característica de Dios (que llamamos "atributos"). Él es *inmutable*. Eso se debe a que es perfecto. "Inmutable" quiere decir que no cambia nunca. Si pudiera cambiar, ya no sería perfecto y por lo mismo tendría fallas o aspectos incompletos. En otro sentido, dentro de la misma idea, decimos que es *autosuficiente*, o sea que no necesita de nadie ni de nada; él no fue creado ni es mantenido sino por él mismo. Si es así, es lógico que agreguemos otras tres cosas: lo puede todo (es *omnipotente*), lo sabe todo (*omnisciente*) y está en todas partes (*omnipresente*). Vale la pena pensar en las consecuencias que eso tiene para nuestra vida práctica.

Dios también es perfecto en su personalidad. Cuando se dice que es Santo, se expresa que no tiene ningún pecado y que todo lo que hace es bueno. Ninguna definición de Dios es mejor que la de 1 Juan 4:8: "Dios es amor". Todo lo que él hace es un acto de amor. Por eso, él es justo, bondadoso, fiel, misericordioso.

En relación con nosotros, él es nuestro Creador. Además es quien nos mantiene y sostiene, a lo que damos el nombre de "Providencia". Como él nos ama a pesar de que le hemos desobedecido, él es también quien provee para nuestra salvación, o sea que es nuestro Salvador, nuestro Redentor. Y un día él será el Consumidor, aquel que hará que todo termine de acuerdo a su voluntad. Apenas pensamos un poco, todas estas ideas son de una gran aplicación para nuestra vida diaria y práctica.

2. EL HOMBRE

Antes de seguir hablando sobre cómo actúa nuestro Dios, es bueno que veamos un poco qué es lo que la Biblia nos enseña sobre qué somos nosotros, los seres humanos, para poder entender mejor qué significa que él se ocupa y trabaja en nosotros.

Lo primero que nos dice la Biblia, ya en la primera página, es que el hombre es un ser creado por Dios. En el último día de la creación, según Génesis 1:26, él dijo: "Hagamos al hombre a nuestra imagen" y el v. 27 nos relata:

Y creó Dios al hombre a su imagen, a imagen
de Dios lo creó, varón y hembra los creó.

¿Qué quiere decir que el hombre es "a imagen y semejanza" de Dios? que hay en él aspectos que lo relacionan con el Creador y que lo diferencia de todo lo demás. Por ejemplo, el ser humano es el único que puede hacer contacto con él, porque también es una persona; más aún, es el único que tiene conciencia de que lo es y que siente la necesidad de ese contacto. Es el único ser libre y que sabe la diferencia entre el bien y el mal. Es el único que razona y decide.

Además Dios lo hizo Señor de todo lo creado (v. 28). Fue la cumbre de todo lo que él creó. Por supuesto, hoy entendemos muy bien que la humanidad ha desvirtuado el propósito de Dios de hacer que la tierra sea algo fructífero y ha causado un enorme daño en la naturaleza. La destrucción del medio ambiente y de las demás especies es algo contrario a los planes del Señor.

Ya en el origen, la Biblia nos dice que el hombre es un ser social, que tiene relaciones. La primera es el matrimonio, de modo que la familia fue la primera creación de Dios. En él están las posibilidades y maravillas de cada uno de los sexos y sólo en la conjunción de ambos el ser humano se completa.

Aunque Dios dio al hombre toda la abundancia del Edén, enseguida le dio trabajo. Puso allí al hombre "para que lo labrara y lo guardase". No es exacto que el trabajo sea una consecuencia del pecado; sí lo es la penuria que puede traer. Por lo contrario, hemos de pensar que Dios da al hombre el privilegio de continuar la tarea creadora.

La destrucción del medio ambiente y de las demás especies es algo contrario a los planes del Señor

Sin embargo, desde el principio le puso limitaciones, como para que no olvidara que él es el Señor que debe ser obedecido. Dios sabe qué es lo bueno y lo malo para nosotros y no necesitamos averiguar más (Génesis 2:17). Cuando le advirtió que, si desobedecía, iba a morir, no quería decir que lo normal era que no pasara por lo que llamamos "muerte". Sería imposible que toda la raza humana siguiera multiplicándose como fue el plan de Dios y eso nos privaría de la gloria eterna; Dios se refería a la muerte espiritual, o sea la separación entre él y el hombre.

En otro sentido, el hombre es un ser complejo. En I Tesalonicenses 5:23, Pablo pide: "Todo vuestro ser, espíritu, alma y cuerpo, sea guardado entero". No precisamos que nos expliquen que el hombre tiene un cuerpo, como los animales, los vegetales y aun las piedras. No *tenemos* un cuerpo, sino que *somos* un cuerpo, además de un alma y un espíritu.

La palabra "alma" significa varias cosas distintas. Los animales y vegetales tienen vida. Además de eso, los seres humanos tienen lo que hoy llamamos "vida psíquica": pensamos, sentimos, decidimos. Eso nos diferencia de aquéllos. Además los hombres pueden investigar y crear objetos artísticos. Y, sabemos que hay muchas cosas dentro de nosotros que ignoramos; hoy lo llamamos "inconsciente" o "subconsciente" y hemos aprendido que tiene mucha importancia. Allí están nuestra memoria y nuestros instintos (cuidarnos, alimentarnos, amarnos, etcétera).

Pero el hombre también tiene un espíritu, o sea aquella parte de su ser con la que se relaciona con Dios, que es espíritu. María alabó a Dios diciendo:

Engrandece mi alma al Señor; y mi espíritu
se regocija en Dios mi Salvador.

Lucas 1:46,47

Todo eso está relacionado entre sí, de modo de ser una unidad. No puede haber hombre que no lo tenga todo. Tampoco hay alguno de esos elementos en los que no precise la presencia de Dios. Como ya dijimos, Dios dijo que "no es bueno que el hombre esté solo". Primero le dio una esposa, luego una familia y luego un pueblo. No somos aislados y no podemos vivir sino sirviendo y dependiendo de los demás. Eso exige que tengamos una moral. Los animales no son malos ni buenos. El hombre tiene capacidad de elegir y generalmente conciencia de que es así, aunque a veces la costumbre u otras cosas le impidan verlo claramente.

Eso ocurre porque el hombre no es un ser perfecto, sino pecador. Ha desobedecido a Dios y esa desobediencia se llama "pecado". Por eso, el ser humano necesita un Salvador, que Dios le provee en Jesucristo.

3. SATANÁS

Antes de referirnos a un aspecto del ser humano —el pecado—, es necesario que digamos algo sobre Satanás, el enemigo de las almas. La lectura directa de la Biblia nos lo muestra también como una persona; por ejemplo, el mismo Jesús dijo:

> *Vosotros sois de vuestro padre el diablo ...Él ha sido homicida desde el principio y no ha permanecido en la verdad.*

> Juan 8:44

Esto significa que no estamos hablando de una fuerza maléfica o simplemente de la ausencia de bien.

Hoy ocurren dos fenómenos opuestos. Mucha gente culta dice que Satanás simplemente no existe, que es una idea heredada de los cultos paganos (que intentaron una fuerza del mal opuesto a la del bien que es Dios) o de ideas que se desarrollaron en la Edad Media. Pero por el otro lado, en gran parte de la población de nuestros países suele ocurrir que se habla más del demonio que del Salvador. No se trata sólo de que han aparecido cultos que sin excusas se dedican a adorarlo, sino que también se apela a él en prácticas ocultistas, espiritistas y otras de ese tipo.

Hay que cuidarse de ambos extremos. Si hemos de creer las palabras de la Biblia, no podemos dudar de su existencia y caer en el error de olvidarlo. El apóstol Pedro nos advierte que "anda alrededor buscando a quién devorar". Pero tampoco podemos obsesionarnos y hablar de él continuamente; eso también es una estratagema satánica, ya que, por cuidarnos de él o por atribuirle muchas cosas, hacemos a un lado la predicación o la meditación en las verdades positivas y alentadoras del evangelio. El Antiguo Testamento casi no lo menciona y es relativamente poco lo que figura en muchos libros del Nuevo; eso simplemente nos indica el lugar que debemos darle. También llama la atención que aparezca con muchos nombre y títulos: Satán, Satanás, Lucifer, Beelzebub, el maligno, la serpiente antigua, el dragón, el tentador, el enemigo, el príncipe de este mundo, etcétera.

Reiteremos, pues, que lo primero que podemos decir bíblicamente es que existe y está activo. Por ejemplo, en una parábola el Maestro dijo:

Viene el malo y arrebata lo que fue sembrando.

Mateo 13:19

De hecho, basta leer el diario o mirar la televisión para creer que es real.

Si actúa es precisamente porque se trata de alguien, de quien también se puede decir que es una persona, aunque en sentido distinto de como se nos aplica a los humanos. También indica eso que tiene voluntad y planes, que siempre son opuestos a los de Dios. Por eso, los cristianos deben "estar firmes contra las asechanzas del diablo" (Efesios 6:11). Además tiene poder para ejecutar muchos de sus propósitos, Jesús lo describió como un rayo que caía sobre los apóstoles cuando salieron a predicar (Lucas 10:18). Además declaró que es el príncipe de este mundo; eso significa por un lado que no tiene poder en el Más Allá, pero a la vez que las cosas de este mundo se mueven de acuerdo a su voluntad (Juan 14:30).

No es fácil contestar una pregunta habitual sobre cuál fue su origen, lo que en realidad tiene una importancia secundaria. En Isaías 14:12, se dice que cayó del cielo. En Ezequiel 28:17 se explica que el orgullo fue la causa de esa caída. Si bien ahora reina en este mundo, un día será echando de él, pero seguirá teniendo su dominio (Mateo 12:26), o sea el infierno, que ha sido creado por Dios específicamente para él y sus seguidores, esto es aquellos que han decidido obedecerle a él antes que a Dios (Mateo 25:42). Es importante prestar atención a que el Señor no hizo el infierno para mandar a los hombres sino para los demonios y aquellos que prefieran ir con él. También es importante entender que Satanás cuenta con huestes (ejércitos), porque no tiene, como Dios, el atributo de la omnipresencia, o sea de estar en todas partes. Si puede llevarnos a caer, es porque tiene ejércitos demoníacos que le obedecen.

Su forma de actuar es la de tentar a los hombres a desobedecer a Dios. Leamos la historia de Adán y Eva (Génesis 3), donde vemos cómo él hace dudar de la exactitud de lo que Dios ha dicho, ofreciendo sus propias bendiciones y llevando a la desobediencia. El caso de Jesús también es muy ilustrativo (Mateo 4). Allí vemos cómo es persistente, cómo ofrece cosas buenas y necesarias y cómo inclusive usa la Biblia; ello nos muestra que Satanás apela a las cosas mejores y que aun puede distorcionar la acción de la iglesia. La Biblia nos dice inclusive que obra "milagros mentirosos".

Pero el ejemplo de Jesús nos muestra también que es exacto el consejo apostólico:

Resistid al diablo, y huirá de vosotros.

Santiago 4:7

Cuando sospechamos que él está en algo —aunque parezca bueno y útil— escapemos de ello. El método de Cristo fue usar la misma Palabra de Dios; es una de las armas que menciona Pablo en Efesios 6, cuando nos habla de la armadura del cristiano. Eso nos enseña que no basta con oponernos cuando él se presenta, sino que debemos estar siempre preparados, pues sus ataques suelen ser inesperados, por ejemplo en las horas de gran pena o alegría.

Tal vez lo más importante que podamos decir sobre el diablo es que ya ha sido vencido aunque continúe activo, en la cruz el Salvador lo venció definitivamente pues vino precisamente "para destruir las obras del diablo". Y el Apocalipsis nos explica cómo el final será enteramente destruido (20:10).

4. EL PECADO

El pecado es una realidad de todos los días. A nuestro alrededor encontramos fácilmente el odio, la mentira, las palabras soeces y aun el crimen. Negarlo será algo infantil.

Pero eso puede hacernos caer en un error. Es exacto decir, por ejemplo, que un adulterio o un fraude son un pecado, pero esa idea puede llevarnos a pensar que, cuando la Biblia habla de "pecado" se refiere a cometer algunos hechos concretos y definidos. Pero no es así: el pecado es nuestra forma de vivir lejos de Dios y no hacer esto o aquello. Leamos cómo Jesús lo explicó en el Sermón del Monte (Mateo 5:21-48). Supongamos que un hombre dice que nunca ha sido infiel a su esposa; puede ocurrir que el Señor le diga: "Sí, pero sólo porque te faltó oportunidad, pues has mirado con ojos codiciosos a tal mujer". Enseguida comprendemos que eso se aplica muy ampliamente y a casi cualquier cosa en que podemos caer.

En 1 Juan 3:4 se nos dice:

> *Todo aquel que comete pecado infringe también*
> *la ley; pues el pecado es infracción de la ley.*

No se trata sólo de los Diez Mandamientos, sino de todo lo que Dios ha ordenado, por ejemplo: "Amarás a tu enemigo". Además en Santiago 4:17 se declara que comete pecado "el que sabe hacer lo bueno y no lo hace"; supongamos que hay un necesitado y yo lo sé, pero no hago todo lo que puedo por él: eso revela mi corazón duro y pecaminoso, lejos del de Cristo.

El pecado es nuestra forma de vivir lejos de Dios y no hacer esto o aquello

¿Cuál es el peor pecado? Sin duda, es el que nos lleva a la condenación eterna, aquel que muestra una vida lejos de Dios. Lo dice en Juan 3:18: "El que no cree (en el Hijo de Dios) ya es condenado".

También tenemos que tener conciencia de que el pecado —que suele llegar por la tentación— generalmente es algo atractivo y a veces provechoso, al menos en apariencia. Recordemos el relato de Génesis. Se trata de lo que Hebreos 11:25 llama los "deleites temporales del pecado".

La Biblia es clara en cuanto a que "todos pecaron y están destituidos de la gloria de Dios" (Romanos 3:23). Por eso nos cuenta de las caídas de Abraham, Moisés, David, Pedro, Juan y tantos otros. El mismo Pablo dice:

No soy yo quien hace aquello sino el pecado
que mora en mí.

Romanos 7:17

Si bien muchas de nuestras caídas tienen que ver con nuestra voluntad, no es así con la tentación que siempre nos está atacando.

Debemos tener cuidado con pensar que no podemos caer, así como en atribuir la tentación a un solo origen. El primero que todos mencionaríamos es a Satanás. Por ejemplo, Juan 13:27 dice que entró en el corazón de Judas. Pero no es ésa la única fuente de mal. El mundo que nos rodea es el reino del enemigo de las almas.

Ni la educación ni el ambiente sano, son un remedio para el pecado, ya que éste surge de nuestro interior

Mucha de la propaganda que hay cerca de nosotros es claramente una forma de alejarnos de los caminos de Dios. Pongamos un ejemplo, que puede parecer superficial, el de una medicina que se publicita diciendo que comamos cualquier cosa, ya que luego podemos tomar aquélla; al margen de lo tonto que es causarse un mal para luego corregirlo, es claro que estamos atentando contra el cuerpo que Dios nos dio. Muchas veces, eso se esconde detrás de la frase: "Todo el mundo lo hace". Aun olvidando que no es cierto, no hay por qué repetir los errores ajenos. Nuestra naturaleza humana nos lleva al pecado porque es débil; nuestra mente es limitada, nuestro cuerpo se cansa y nuestro ánimo se deprime. Sin necesidad de que el diablo nos "ayude", caemos en soluciones que no son las de Dios.

Por eso, es natural que el pecado sea castigado; si no, no tendría importancia y no habría por qué obrar el bien. Adán y Eva fueron expulsados del Edén. Romanos 6:23 declara que "la paga del pecado es muerte"; no se refiere a la muerte física, ya que el mismo apóstol dice que para él "morir es ganancia" ya que es "estar con Cristo", sino la muerte espiritual, la separación de Dios, que puede ser pasajera —si aceptamos su salvación— o permanente si persistimos en nuestro camino y nos hacemos acreedores a ser enviados con Satanás al castigo eterno.

Ni la educación ni el ambiente sano son un remedio para el pecado ya que éste surge de nuestro interior. No basta con resistir, aunque hay que hacerlo. Es necesario tener una vida en la cual estemos llenos de Jesucristo, de modo que cumplir su voluntad sea lo natural para nosotros.

> *No hay ninguna condenación para los que*
> *están en Cristo Jesús.*

> Romanos 8:1

5. JESUCRISTO

Hemos visto cómo la Biblia nos muestra quién es Dios. Al mismo tiempo, hemos comprobado que en ella se nos dice que el hombre es un ser pecador, condenado a la perdición eterna. Como una de las características esenciales de Dios es su amor, sin duda era necesario que él proveyera un camino para la salvación de aquel a quien había creado. Ese camino es su Hijo Jesucristo; él mismo declaró:

> *Yo soy el camino, y la verdad, y la vida;*
> *nadie viene al Padre si no es por mí.*

> Juan 14:6

A nadie puede caberle duda de que Jesús fue un ser humano, que vivió en lo que hoy es el estado de Israel en el primer siglo de nuestra era. Del mismo modo, tampoco se puede dudar de que ha sido la personalidad más influyente en la historia mundial. Cada vez que se dice una fecha, contando desde su nacimiento, se reconoce ese hecho.

Pero a la vez, no debe dejarse de lado que Cristo fue divino, que era el mismo Hijo de Dios. Eso fue lo que declaró el apóstol Pedro: "Tú eres el Cristo, el Hijo del Dios viviente" (Mateo 16:13). La palabra "Cristo" es la misma que "Mesías" en hebreo, o sea aquel que había sido prometido al mundo durante siglos por medio de los profetas. El cumplimiento de sus anuncios resulta impresionante y es imposible atribuirlo a la casualidad.

Su muerte no podía resultar en el pago de los pecados de toda la humanidad, si él no hubiera sido superior a toda la humanidad y hubiera podido presentar una vida perfecta ante Dios

Nació en forma milagrosa, pues su madre era virgen (Lucas 1:36,37). Llevó una vida única, pues fue sin pecado, en lo cual nadie pudo igualarse jamás; lo declaró el mismo Pilato (Lucas 23:4) y lo reiteraron los apóstoles (Hebreos 4:15; 1 Pedro 2:22). Esa vida estuvo llena de enseñanzas y acciones maravillosas, al extremo de que el sabio Nicodemos fue a verlo declarando:

> *Nadie puede hacer estas señales que tú haces*
> *si no está Dios con él.*

Juan 3:2

Su muerte no podía resultar en el pago de los pecados de toda la humanidad si él no hubiera sido superior a toda la humanidad y hubiera podido presentar una vida perfecta ante Dios (Hebreos 2:14). Finalmente, su resurrección y su ascensión a los cielos demostraron que hablaba verdad cuando decía que volvería a la casa de su Padre. Las declaraciones de Jesús necesariamente son verdad o son mentira; si fueron mentira, él fue el mayor engañador o iluso de la historia y eso no lo diría nadie.

Entre esas declaraciones, está por ejemplo la de que él existía desde el principio (Juan 8:38) o que se hizo igual a Dios (Juan 14:7).

Cuando le dijeron que nadie puede perdonar pecados sino sólo Dios, él perdonó pecados (Marcos 2:7). Siempre reclamó el primer lugar y declaró que al fin del mundo, él juzgaría a todos.

Pero al mismo tiempo, no tenemos que olvidar que tuvo todas las características de un ser humano. Nació, creció y murió. No podemos explicar cómo es posible que Dios se haya hecho hombre, pero debemos creerlo porque así lo revelan las Escrituras. Pablo dice que Cristo "es Dios sobre todas las cosas, bendito por los siglos" (Romanos 9:5). Por eso en Hebreos 1:6 se reclama: "Adórenle todos los ángeles de Dios".

Fuera de su carácter virginal, su nacimiento fue como el de todos los seres comunes. Dios proveyó un esposo a su madre para que lo cuidara y Cristo creció normalmente con ellos. Durante su ministerio, demostró tener todas las condiciones humanas. Encontramos que tuvo hambre y sed junto al pozo de Samaria. Lloró junto a la tumba de su amigo Lázaro y se gozó teniendo la compañía de los apóstoles (Lucas 22:15,28). Si bien nunca cayó en pecado, "padeció siendo tentado" (Hebreos 2:18) y lo fue "en todo, según nuestra semejanza" (4:15). Es maravilloso pensar que tenemos a alguien que puede entender todo lo que nos pasa, no sólo por su sabiduría perfecta, sino también por haberse identificado con nosotros.

Por eso, él puede ser nuestro Salvador. Eso es lo que significa el nombre "Jesús", que fue explicado por el ángel que anunció su nacimiento: "Porque él salvará a su pueblo de sus pecados" (Mateo 1:21). En la casa de Zaqueo, declaró:

> *Hoy ha venido la salvación a esta casa ...porque el Hijo de Hombre vino a buscar y a salvar lo que se había perdido.*

> Lucas 19:9,10

Si no hubiera sido divino y perfecto, no habría podido ser el precio de nuestra redención. Él murió y resucitó para pagar nuestra cuenta delante de Dios. Por eso, cuando murió declaró: "Consumado es", su obra estaba completa.

Ahora él sigue viviendo en la gloria a la mano derecha de su Padre. Su acción continúa, ya que "puede salvar perpetuamente a los que por él se acercan a Dios, viviendo siempre para interceder por ellos" (Hebreos 7:25).

Si no hubiera sido divino y perfecto, no habría podido ser el precio de nuestra redención

Finalmente, tenemos la gloriosa promesa de su regreso. Él lo aseguró al volver a los cielos (Hechos 1:11) y en 2 Timoteo 4:1 y otros pasajes se nos dice que vendrá para juzgar al mundo. En Filipenses 2, tenemos un hermoso pasaje, quizá un antiguo cántico donde se nos describe su grandeza, resumiendo todo en la gloriosa declaración: "Jesucristo es el Señor" (v. 11).

6. EL ESPÍRITU SANTO

Cuando Jesús explicaba a los apóstoles que era necesario que él se fuera y ellos se entristecieron, les aseguró:

No os dejaré huérfanos.

Juan 14:18

Acababa de explicarles: "Yo rogaré al Padre, y os dará otro Consolador, para que esté con vosotros para siempre" (v. 16).

Pasa con el tema del Espíritu Santo como con otros. En algunos casos o épocas, nadie ha hablado de él; ocurre como con aquellos discípulos que dijeron:

Ni siquiera hemos oído si hay Espíritu Santo.

Hechos 19:2

Pero también puede ocurrir que se hable tanto, o se dependa tanto de esa doctrina, que se deje de predicar que Jesucristo es el único Salvador. Jesús mismo declaró que la misión del Espíritu es llevar a los hombres hacia él (Juan 16:13,14). Cuando el apóstol Pablo dice: "Nadie puede llamar a Jesús Señor, sino por el Espíritu Santo" (1 Corintios 10:3), está explicando que, como todo lo que significa el señorío de Cristo es una idea superior a nuestra mente, necesitamos a alguien con mente divina que nos lo revele. "Nadie conoció las cosas de Dios, sino el Espíritu de Dios" (2:11). Sin el Espíritu actuando en nosotros, la Biblia sería un libro más y Cristo sería sólo un gran hombre que vivió hace mucho.

Su nombre "Espíritu Santo" hace que para muchos no sea fácil pensar que es una persona del mismo modo que el Padre o el Hijo, ya que se piensa en una persona como nosotros. Pero siempre se habla de "él" y no de "ello" o "eso". Se le atribuyen acciones concretas, como la de conocer (1 Corintios 2:11), hablar (Apocalipsis 2:7), testificar (Juan 15:26), dirigir (Juan 16:13), ser objeto de resistencia (Hebreos 5:3) o de contristamiento (Efesios 4:3), etcétera.

Se lo identifica con Dios. Por ejemplo, Pedro dijo que un hombre había mentido al Espíritu Santo y después repitió: "No has mentido a los hombres, sino a Dios" (Hechos 5:3,4). Se dice de él que es eterno (Hebreos 9:14), todopoderoso (Lucas 1:35,37), omnipresente (Salmo 139:7) y otras características que pertenecen sólo a la divinidad.

Esto exige pensar en la doctrina de la Trinidad, que en la Biblia se da como un hecho, aunque no se la explica. Eso nos obliga a creerla, aunque sea superior a nuestra inteligencia. Por ejemplo, cuando el Hijo de Dios fue bautizado, el Espíritu Santo descendió en forma de paloma y se oyó la voz de Dios desde el cielo. Aún se usa a menudo la bendición de Pablo en 2 Corintios 13:14: "la gracia del Señor Jesucristo, el amor de Dios, y la comunión del Espíritu Santo sean con todos vosotros".

La acción del Espíritu Santo se desarrolla tanto en el hombre como en la Iglesia. Aun antes, debemos decir que él ha sido quien inspiró a los autores sagrados el texto de las Escrituras:

> *Los santos hombres de Dios hablaron siendo*
> *inspirados por el Espíritu Santo.*

2 Pedro 1:21

Una iglesia se diferencia de cualquier otra reunión humana por el hecho de que en ella mora el Espíritu de Dios:

> *Vosotros sois también juntamente edificados*
> *para morada de Dios en el Espíritu.*

Efesios 2:22

> *Por un solo Espíritu fuimos todos bautizados*
> *en un cuerpo.*

1 Corintios 12:13

Por eso, en el Apocalipsis se ordena:

> *El que tiene oído, oiga lo que el Espíritu*
> *dice a las iglesias.*

Apocalipsis 3:22

El Espíritu gobierna la iglesia porque vive en cada creyente: "Lo que es nacido de la carne, carne es; y lo que es nacido del Espíritu, espíritu es" dijo el Maestro (Juan 3:6). Testimonio a cada uno de la verdad de Cristo como Señor y Salvador (Juan 16:8-11), haciendo que reconozca que Dios es su padre (Romanos 8:14-16). También nos dirige (Juan 16:13), nos advierte (1 Timoteo 4:1), nos consuela (Juan 14:16), nos enseña a predicar (1 Corintios 2:13) y hasta nos hace cantar (2 Corintios 3:3).

El secreto de la vida cristiana es vivir, como se dice de Pedro, Pablo y otros, "llenos del Espíritu Santo"

En varios pasajes del Nuevo Testamento, se hace referencia al "fruto del Espíritu". El fruto es sencillamente aquello que se espera de cada ser viviente; como dijo el Señor, "por sus frutos los conoceréis", ya que no se pueden recoger uvas de los espinos, por ejemplo. De un creyente, sí ha de esperarse que tenga "amor, gozo, paz paciencia, benignidad, bondad, fe mansedumbre, templanza" (Gálatas 5:22,23), todo lo cual conforma el "fruto del Espíritu". Este se concreta en "ministerios" de los que se ponen como ejemplos el de ser apóstoles, profetas, evangelistas, pastores y maestros (Efesios 4). Para ello, el Espíritu da dones, o sea regalos divinos que obran en beneficio de la iglesia; hay dos listas (Romanos 12, 1 Corintios 12), demasiado largas para copiarlas, pero podemos notar que Pablo no intenta agotar lo que el Espíritu de Dios puede hacer, ya que ambas son diferentes. Asimismo dice que algunos dones son más importantes, como el de la predicación, pero que de nada sirven si no son utilizados de acuerdo al "camino más excelente" que es el del amor.

El secreto de la vida cristiana es vivir, como se dice de Pedro, Pablo y otros, "llenos del Espíritu Santo", o sea que éste ocupe toda nuestra vida, dirigiéndola en todos los aspectos y dando el sello divino a todo lo que pensamos, hacemos o decimos.

7. LA SALVACIÓN

El mensaje de la Biblia es el mensaje de la salvación, o sea de la forma en que la relación entre el hombre y Dios, que se quebró por

el pecado, puede ser recuperada y cómo la muerte eterna que es su
consecuencia puede transformarse en vida eterna.

Hay dos verdades básicas que dan razón de ser a este tema. La
primera es la idea fácilmente comprobable de que el hombre es
pecador. La segunda, que curiosamente muchos no quieren recordar consiste en que Dios es amor.

Debemos comenzar por allí. En lenguaje bíblico, eso significa
que nuestra salvación es posible debido a la gracia de Dios. No hay
otro camino. ¿Qué es la gracia de Dios? La palabra "gracia" viene
de la palabra "gratis", o sea que no hay precio que pagar; mejor
dicho, que el precio ya ha sido pagado. En realidad, no hay nada en
este mundo que no cueste algo; por ejemplo, si yo regalo al lector
un reloj o un lápiz, alguien tuvo que pagarlo, o al menos pagar los
materiales con que se ha hecho y quizá la mano de obra que lo
produjo. Cuando hablamos de la gracia de Dios, estamos diciendo
que él ya hizo todo lo necesario para nuestra salvación y que a
nosotros sólo nos corresponde aceptarlo. Debemos pensar bien lo
que queremos decir declarando que la salvación es gratuita. Por lo
común, pensamos que no debemos pagar un precio en dinero, en
trabajos o de otra forma. Bien lo explicó Pablo en Efesios 2:8,9:

Por gracia sois salvos por medio de la fe; y esto no de
vosotros, pues es don de Dios; no por obras, para que
nadie se gloríe.

La salvación es fruto de que "Dios que es rico en misericordia,
por su gran amor con que nos amó, aun estando nosotros en
pecados, nos dio vida juntamente con Cristo" (vv. 4,5). La misericordia es el amor que se da sin que haya motivo alguno: no se tiene
misericordia de la esposa o de los hijos, pero sí de un mendigo o un
derrotado. Como nosotros estamos en pecado, no podemos jamás
decir que merecemos el perdón de Dios. Este es un don, un regalo.
Pero varias veces en el mismo trozo, Pablo aclara que eso ocurrió
por medio de Cristo Jesús. La deuda que teníamos con Dios fue
pagada por él en la cruz. La mancha de nuestro pecado fue lavada
por su sangre. La pena que merecía nuestro quebrantamiento de la
Ley divina fue cumplida por el Hijo de Dios.

Este no fue injusto, haciendo morir a un inocente en nuestro
lugar. También lo explica Pablo cuando dice que "Dios estaba en
Cristo reconciliando al mundo consigo" (2 Corintios 5:19). O sea

que Dios mismo se entregó en la persona de su Hijo para darnos la salvación.

Notemos que a nosotros se nos pide la fe. Esta palabrita puede también ser mal entendida. No se trata sólo de que yo crea, por ejemplo, que lo que dice la Biblia es cierto. Quizá con algo de ironía, Santiago escribe: "También los demonios creen (que Dios existe), y tiemblan" (2:19). La fe, en el sentido bíblico, es la entrega de toda la vida. Es creer con la mente, con las emociones, con la voluntad, con las fuerzas físicas y con los impulsos inconscientes. En una palabra, es poner *todo* en las manos de Dios.

Muchos dicen que todos los hombres son hijos de Dios, confundiendo la creación con la paternidad

Otra palabra usada por la Biblia para hablar de la salvación es la *redención*. En la antigüedad, existía la esclavitud. Cada esclavo tenía un precio y podía comprar su libertad pagándolo o logrando quien lo pagara. El ser humano es esclavo del pecado; la sangre de Cristo es el precio que se pagó por nuestra redención. En él "tenemos redención por su sangre, el perdón de los pecados" (Colosenses 1:14). Relacionado con ello está la idea de la *expiación*; Hebreos 2:17 nos dice que él murió "para expiar los pecados del pueblo", o sea para pagar la culpa. Además, cuando I Juan 2:2 nos dice que "él es la *propiciación* por nuestros pecados", se está refiriendo a cómo el sacrifico de Jesús reemplaza el de los animales de antaño, que se hacían para que Dios fuera propicio, favorable a nosotros.

El contenido de la idea de la salvación es tan rico que necesitamos aún más palabras para describirlo. Tenemos así la idea de la *justificación*, que significa que, gracias a la obra de Cristo, aunque nosotros seguimos siendo pecadores, Dios nos considera justos. Que él nos justifique no significa que encuentre un justificativo para nuestras fallas, sino que ha "pasado por alto los pecados pasados" (Romanos 3:25). También tenemos la inspiradora idea de la *reconciliación*, o sea la restauración de nuestra relación con Dios. "Fuimos reconciliados por Dios por la muerte de su Hijo" (Romanos 5:10). Como consecuencia, somos adoptados como sus hijos;

muchos dicen que todos los hombres son hijos de Dios, confundiendo la creación con la paternidad. Todos hemos sido creados por Dios pero sólo son sus hijos aquellos que él ha adoptado, lo que se produce cuando somos hechos justos al permitir que la sangre de Cristo lave nuestros pecados.

Vale la pena repetir lo que nos toca a nosotros: poner nuestra fe en Cristo. ¿Cuándo lo hacemos? Necesitamos un paso previo: reconocer que somos pecadores y que no tenemos otro camino, por lo cual debemos arrepentirnos de esos pecados, inclusive el de haber querido obtener nuestra salvación por otros caminos. Juan el Bautista predicaba: "Arrepentíos y creed en el evangelio" (Marcos 1:15) y su llamado sigue en pie.

En Hechos 3:19, encontramos que Pedro predicó:

> *Arrepentíos y convertíos, para que sean*
> *borrados vuestros pecados.*

Hechos 3:19

La palabra *conversión* no es tan frecuente en la Biblia como en nuestro lenguaje de hoy, pero es un término legítimo. Sin embargo, a veces se la usa en otro sentido, por ejemplo cuando un musulmán se hace de fe judía, se dice que "se convirtió al judaísmo". No es ése el sentido bíblico. No se trata de cambiar de iglesia o de religión, sino de dejar de estar lejos de Cristo para vivir en él y para él. Sólo nos convertimos a Cristo, por medio de la acción del Espíritu Santo, y no a una nueva serie de ideas o prácticas.

Así es cómo alcanzamos a ser salvos "por medio de la fe".

8. LA SANTIFICACIÓN

Aquí nos encontramos con una palabra que generalmente no usamos, pero que tiene que ver con cosas fáciles de entender. En el lenguaje vulgar, cuando decimos de alguien que es "un santo", nos referimos a una persona con muchas virtudes, que se destaca en algunas de ellas, como la paciencia o la bondad. Tal vez, nos viene la idea de que para ser santo, hay que ser perfecto, pero ni siquiera el apóstol Pablo pretendía que lo era. Por ejemplo, escribe en Filipenses 3:12: "No que lo haya alcanzado ya, (a ser como Cristo), ni que ya sea perfecto; sino que prosigo por ver si logro asir aquello para lo cual fui también asido por Cristo Jesús".

En la antigüedad, una cosa era sagrada cuando se la dedicaba al culto divino, lo que significaba que no se la usaba para otra cosa. En Levítico 8:10 dice que Moisés tomó todas las cosas que estaban en el altar y las santificó. Por eso Jeremías podía entender lo que Dios le quería decir al llamarlo: "Antes que nacieses te santifiqué" (1:5); con eso le decía que estaba consagrado sólo para el Señor.

Tal vez, nos viene la idea de que para ser santo, hay que ser perfecto, pero ni siquiera el apóstol Pablo pretendía que lo era

Eso se produce cuando somos salvos. Dios nos compró con la sangre de su Hijo, haciéndonos su propiedad. En 2 Tesalonicenses 2:13, Pablo explica que Dios los había "escogido para salvación, mediante la santificación por el Espíritu y la fe en la verdad". Por eso, se llamaba "santos" a todos los cristianos. Leamos cómo empieza la carta a los Colosenses, que es dirigida "a los santos y fieles hermanos en Cristo" (1:2). Eso no quiere decir que eran personas de virtudes notables, sino simplemente que eran creyentes que habían sido escogidos por Dios para una nueva vida en él.

Pero enseguida nos damos cuenta de que, si somos una propiedad de Dios, que ha de ser utilizada por él, nuestra vida tiene que ser adecuada para ello. Si compramos una herramienta, que quizá es demasiado grande o chica, cuidamos de adaptar su tamaño para que sea realmente utilizable. Lo mismo ocurre con la vida del cristiano. Algunos cristianos se desesperan porque se dan cuenta de que su vida no es todo lo que Dios pide. Pero él actúa diferente en cada caso y por lo general es en forma gradual y paulatina. Es lo que nos dice 2 Corintios 3:18:

> *Por tanto, nosotros todos, mirando a cara descubierta como en un espejo la gloria del Señor, somos transformados de gloria en gloria en la misma imagen, como por el Espíritu del Señor.*

En primer lugar, eso nos exige alejarnos del pecado. "Limpiarnos de toda contaminación" (2 Corintios 3:18). Esto ocurre de muchas maneras. A veces basta con una simple decisión de nuestra voluntad; por ejemplo, dejar de ir a determinado lugar, lo que normalmente es sencillo. En otros casos, cuando se trata de un vicio o un hábito arraigado, a veces comprobamos que Dios nos lo quita de repente, pero en otro se precisa un tiempo más o menos largo de luchas y esfuerzos. Para ello, debemos depender plenamente de Dios; por eso Pablo pide que "el mismo Dios de paz os santifique por completo" (1 Tesalonicenses 5:23). Cuando comprendemos que algo es contrario a la voluntad de Dios (y aun que es dudoso) debemos huir rápidamente de ello. Si no hacemos nuestra parte, difícilmente Dios hará la suya o, mejor dicho, cuando la haga, nos producirá más dolor que alegría.

Hay una diferencia entre *santidad* y *santificación*. La santidad es el estado en que estamos por pertenecer a Dios; en él ya somos santos. En otro sentido, es la meta a la que aspiramos. Cristo lo dijo muy claramente: debemos ser santos, perfectos, como Dios es perfecto (Mateo 5:48). El apóstol Juan nos lo explica así:

> *Ahora somos hijos de Dios, y aún no se ha manifestado lo que hemos de ser; pero sabemos que cuando él se manifieste, seremos semejantes a él, porque le veremos como él es.*

1 Juan 3:2

Por otra parte, la santificación es el proceso más lento o más rápido por el cual se alcanza esa santidad anhelada.

Para ello, Dios nos ha dado los medios. La santificación no es ni más ni menos que la misma vida cristiana. Si nos mantenemos en contacto con él por medio de la oración o si buscamos su dirección en la lectura de su Palabra, ello nos ayudará a la santificación. Si practicamos la fraternidad, el servicio, el testimonio y el aprendizaje que logramos en la iglesia, también seremos ayudados. La idea clave siempre es la de vivir "en Cristo".

9. EL FIN DE LOS TIEMPOS

Vivimos en una época en la que hay mucho interés por todo lo que se relaciona con el fin del mundo, a veces en forma enfermiza. Cada cierto tiempo ocurre lo mismo y entonces mucha gente recuerda lo que la Biblia dice al respecto... o inventa sus propias ideas o cae en manos de embaucadores. Es bueno verificar qué nos enseñan las Escrituras, para saber bien a qué atenernos.

Antes que nada, hay que hacer una advertencia: son más las cosas que ignoramos que las que sabemos. Una de las que ignoramos es la fecha; por eso, todos los que aseguran que ocurrirá en tal o cual oportunidad están imaginando sin derecho. La verdad es que muchos cristianos tienen la afición de decir que hay señales de que se acerca el fin, sin recordar que el mismo Jesucristo advirtió:

> *Mirad que nadie os engañe ... porque el día y la hora nadie sabe, ni aun los ángeles del cielo, sino sólo mi Padre.*

Mateo 24:4,36

Lo más importante que ocurrirá en ese tiempo futuro será el regreso de Jesucristo. Sólo en el Nuevo Testamento hay 318 referencias a ello y muchas de las que hay sobre su venida en el Antiguo corresponden a ese momento y no a su primera visita a la tierra; al confundirse, los judíos esperaban el Redentor glorioso y guerrero que aún no ha llegado. Cuando él instituyó lo que recordamos como Cena del Señor, dejó claro que debe celebrarse "hasta que él vuelva" (1 Corintios 11:26). Lo prometió él mismo a los apóstoles, por ejemplo en Juan 14:3 y en Lucas 21:27.

Aquel juicio será inapelable y definitivo y a la vez universal, pues nadie escapará de él

---

Muchos han confundido esa promesa con otras cosas: con su ingreso en la vida personal del que se entrega a él, con la venida del Espíritu Santo, con el progreso del evangelio en el mundo, etcétera. Pero la forma en que él mismo lo declaró reclama una presencia personal y concreta. Los ángeles que le acompañaron en la ascensión dijeron que "este mismo Jesús que habéis visto subir al cielo, así vendrá como le habéis visto subir al cielo" (Hechos 1:11). Otro aspecto que él recalcó es que será repentina e inesperada; por eso la comparó a un rayo que cae del cielo (Mateo 24:27) o a un ladrón que entra en una casa por la noche (2 Pedro 3:10).

Entonces ocurrirán una serie de hechos. Los creyentes que hubieran muerto resucitarán y serán llevados en los aires a encontrarse con él (1 Tesalonicenses 4:15-17). La tierra actual será deshecha y sus elementos dejarán de existir (2 Pedro 3:10,11). También Satanás será destronado y, como dice el Apocalipsis con un lenguaje simbólico, será lanzado en un lago de fuego y azufre (20:10).

Todo ese cuadro es un desafío para los creyentes. Dios ha sido muy sabio al no revelarnos cuándo ocurrirán esas cosas, ya que ello nos obliga a estar vigilantes. Como dice Pablo:

Vosotros no estáis en tinieblas, para que aquel día os sorprenda como ladrón...No durmamos como los demás, sino velemos y seamos sobrios.

1 Tesalonicenses 5:4,6

Estar preparados implica estar trabajando. Cristo dijo que el evangelio será anunciado en todo el mundo antes que Él venga y es nuestra responsabilidad que eso ocurra. Hemos de estar "esperando la manifestación de nuestro Señor Jesucristo" (1 Corintios 1:7), "firmes y constantes, creciendo en la obra del Señor siempre" (15:58). Sabemos escuchar el llamado de Apocalipsis 2:10:

Sé fiel hasta la muerte y yo te daré la corona de la vida.

Ello ha de afectar permanentemente nuestra conducta. Por ejemplo, leemos en Santiago 5:8:

Tened también vosotros paciencia, y afirmad vuestros corazones; porque la venida del Señor se acerca.

Pablo en 1 Tesalonicenses 5:23 nos exhorta:

Todo vuestro ser ...sea guardado irreprensible para la venida de nuestro Señor Jesucristo.

Cuando Cristo venga, se sentará a juzgar al mundo. No se tratará de un juicio como los que conocemos, con tribunales, abogados, pruebas y alegatos. Dios no necesita de todo ello y el único Juez final es él. Ya en esta vida sus bendiciones y reprensiones son un adelanto de ese juicio cuyo resultado no es un misterio para él. Allí saldrá a la luz la verdad porque, en esa hora "la obra de cada uno se hará manifiesta" (1 Corintios 3:13), lo secreto será revelado (Romanos 2:16) y cada uno recibirá lo que le corresponda, como Jesús expuso detalladamente en Mateo 25. Esas obras que él explicó son la consecuencia de un corazón que le obedeció, pues no se trata de beneficencia sino de la fe puesta en él. "El justo vivirá por la fe" (Romanos 1:17).

Aquel juicio será inapelable y definitivo (Mateo 25:46) y a la vez será universal, pues nadie escapará de él (Mateo 25:32; Apocalipsis 20:13). Con ello se completará la obra de Cristo y el mundo de gloria que se describe en Apocalipsis 22 será establecido para siempre, mientras que Satanás, sus huestes y quienes han desobedecido a Dios irán al castigo eterno.

10. LA ETERNIDAD

No hay duda de que las enseñanzas de la Biblia dan por sentada la existencia de una vida más allá de la muerte física. Al mismo tiempo, debemos reconocer que hay muchas cosas que ignoramos sobre ella. Eso se debe a que será totalmente distinta de la actual; lo que ocurre en esta vida lo conocemos por medio de nuestros sentidos o lo deducimos con nuestra razón, pero ambos serán pobres recursos para captar todo lo que es la gloria de Dios. Reconociendo eso, el apóstol Pablo dice:

Ahora vemos por espejo, obscuramente; mas entonces veremos cara a cara. Ahora conozco en parte; pero entonces conoceré como fui conocido.

1 Corintios 13:12

De una sola cosa, podemos estar plenamente seguros: estar en la presencia de Dios será mucho más hermoso que todo lo que podamos imaginar.

La Biblia habla sin duda de dos destinos eternos, llamados comúnmente el cielo y el infierno, aunque se usan muchas palabras para describirlos. No aparece ningún estado intermedio, por ejemplo entre la muerte y la resurrección final ni un lugar provisorio, como el purgatorio, donde las almas van a pagar el castigo de sus pecados, antes de ser dignos de entrar a la presencia de Dios.

El paso de esta vida a la del Más Allá es inmediato. Por ejemplo, Jesús dijo al ladrón crucificado con él:

Hoy estarás conmigo en el paraíso.

Lucas 23:43

Cuando enfrentaba la posibilidad de ser ejecutado, Pablo declaraba que anhelaba morir porque eso "es ganancia", ya que significa "estar con Cristo, lo cual es muchísimo mejor" (Filipenses 1:21,23).

Se dice mucho menos sobre el destino de los malos. En Mateo 25:41, Jesús declara que es el lugar preparado para el diablo y sus ángeles, a lo que podríamos agregar que también para aquellos que han elegido esa compañía. En el mismo versículo, las palabras condenatorias del Supremo Juez son: "Apartaos de mí". La condenación significa una separación absoluta y permanente de Dios y de todo lo que de él proviene. Sí "toda buena dádiva y todo don perfecto desciende de lo alto, del Padre de las luces" (Santiago 1:17), podemos apenas imaginar lo que será una eternidad donde no exista nada de ello. Por eso, Cristo siempre definía el infierno como un lugar de castigo:

E irán éstos al castigo eterno, y los justos
a la vida eterna.

Mateo 25:46

Por ser un lugar de castigo, será también un lugar de sufrimiento. La imagen más utilizada es la del fuego (Mateo 5:22 y muchos otros pasajes). No es fácil decir en qué medida estas descripciones son literales o son sólo cuadros que se trazan para que nos demos cuenta de que es un destino que debemos tratar de eludir a toda costa; en realidad, la única forma de asegurarnos otro camino es poniendo nuestras vidas en las manos del Salvador Jesucristo.

Él murió para ser la puerta hacia la presencia de su Padre. Lo que generalmente llamamos "el cielo", él lo mencionaba como "la casa de mi Padre" (Juan 14:2). Aclaró que, cuando volviera allá, prepararía lugar para los suyos:

En la casa de mi Padre muchas moradas hay;
voy, pues, a preparar lugar para vosotros.

Varias veces se menciona un Libro de la Vida, donde están escritos los nombres de los que irán allá. Cuando los discípulos volvieron gozosos de que se les sujetaban los demonios, el Maestro les dijo que el mayor gozo era tener su nombre escrito allá (Lucas 10:20).

Además de los ángeles que sirvan a Dios, a quien se menciona sentado en su trono junto a su Hijo, allí estará la multitud de los redimidos por la sangre de Cristo. El Apocalipsis insiste es que serán tanto que no se les podrá contar (19:1) y que provendrán de todas partes y lenguas (7:9; Lucas 13:29). Esto indica que la misericordia de Dios será mucho más amplia de lo que nosotros pensamos.

**De una sola cosa podemos estar
plenamente seguros:
estar en la presencia de Dios
será mucho más hermoso
que todo lo que podamos imaginar**

Allá estaremos con un cuerpo transformado de acuerdo a la gloria de Cristo (Filipenses 3:21), pero no sometido a todo lo que debe soportase en la tierra: no habrá allí muerte, ni penas, ni enfermedades, ni hambre, ni frío o calor (Apocalipsis 7:21). Gozaremos de la presencia del Padre y del Cordero (Jesucristo sacrificado por nosotros) y de los grandes santos. Jesús dijo que allí estarán Abraham, Isaac y Jacob; cuando se presentó glorificado a los apóstoles, le acompañaban Moisés y Elías. Estas presencias indican lo más importante de la gloria celestial: que será eterna y que no habrá en ella cambio alguno. Por eso la muerte será algo que ya no tendrá lugar. Pablo la define:

*Porque no pueden ya más morir, pues son iguales a los
ángeles, y son hijos de Dios, al ser hijos de la resurrección.*

Lucas 20:36

La otra cara del tema es algo lógico: allí no habrá nada contrario a la voluntad de Dios.

*No entrará en ella ninguna cosa inmunda
o que hace abominación y mentira.*

Apocalipsis 21:27

La perfección de la morada de Dios así lo exige.

11. LA BIBLIA

Este tema debiera haber sido puesto al principio, si hemos de seguir un orden dedicado exclusivamente al estudio. Si admitimos que ella es la Palabra de Dios, nuestra única regla de fe y conducta, podemos decir que todos los temas doctrinales —los que hemos estudiado y todo lo demás —sólo se los puede considerar verdaderos si están basados en sus páginas.

Si preguntamos a cualquiera, nos dirá que la Biblia es un libro, lo cual tiene algo de exacto; por ejemplo, su volumen se puede poner en un estante como cualquier otra obra. Sin embargo, tampoco es totalmente así. Por un lado, su mismo nombre (que es una palabra griega que significa "libros" o "pequeña biblioteca"), nos indica que se trata realmente más bien de una colección de obras, pequeñas para nuestra forma moderna de ver las cosas. La primera mitad, 39 en total, constituye el antiguo Testamento, que incluye el Pentateuco (los cinco libros de Moisés, con la historia del origen del mundo y la Ley), los libros históricos del pueblo de Israel, varias obras poéticas como los Salmos y los Proverbios y los libros de los profetas. En la segunda parte, con 27 obras, consta de lo que fue escrito después de la venida del Salvador y por eso los cristianos le damos más importancia; incluye los cuatro evangelios (vida de Jesús), los Hechos de los Apóstoles, veintiuna epístolas y el Apocalipsis. Todo ello es Palabra de Dios y todo debe ser leído y meditado.

La Biblia no es exactamente un "libro sagrado", como los que sirven de base a varias religiones. Ninguna de ellas pretende que Dios es su autor, como hacen judíos y cristianos, aunque los primeros no reconocen el Nuevo Testamento. Es cierto que los distintos libros fueron producidos en su redacción por numerosos autores, pero todos ellos actuaron dirigidos por el Espíritu de Dios, quien es así el verdadero Autor. Por eso, damos a la Biblia el nombre de "Palabra de Dios".

La Biblia no es exactamente un "libro sagrado", como los que sirven de base a varias religiones

En ella encontramos todo lo que el Señor quiere que conozcan sus hijos. Contiene todo lo necesario para nuestra salvación y edificación. Ya está completa y no necesita que se le agregue nada. El Apocalipsis dice con energía:

Si alguno añadiera a estas cosas, Dios traerá sobre él las plagas que están escritas en este libro. Y si alguno quitare de las palabras del libro de esta profecía, Dios quitará su parte del libro de la vida.

Apocalipsis 22:18,19

Toda doctrina que debe ser aceptada figura en ella y no puede ser discutida. Por supuesto, hay cosas que pueden ser discutida. Por supuesto, hay cosas que pueden ser interpretadas de manera diferente, debido especialmente a su gran riqueza, pero eso no debiera provocar divisiones entre los cristianos. De hecho, el respeto hacia las Sagradas Escrituras es algo que reúne a todos, así como las sectas procuran tener por lo menos su propia traducción.

Hemos de recordar que no tenemos los originales, así como no los tenemos de ninguna obra tan antigua, pero sí muchos más manuscritos que de cualquier otro libro. El Antiguo Testamento fue escrito casi todo en hebreo y el Nuevo en griego; como son pocos los que pueden leer esos idiomas clásicos, se han hecho muchísimas traducciones. Alguna parte de ella está hoy en casi dos mil idiomas. En castellano se la empezó a traducir en la Edad Media.

La Biblia es nuestra regla de fe, pero debemos distinguir lo que es una enseñanza, un mandamiento o sólo un relato. Cuando 1 Juan 1:9 nos dice que Cristo "es fiel y justo para perdonar nuestros pecados", nos da una gloriosa enseñanza. Pero él mismo dice que "es un mandamiento: Que creamos en el nombre de su Hijo" (3:23). Hay que tener cuidado en distinguir mandamientos que son permanentes como el citado y otros que son sólo indicaciones o promesas para un momento dado. A nadie se le ocurrirá (quizá sí) que debe seguir a un hombre que lleva un cántaro como mandó Jesús a los suyos (Marcos 14:13) o que no se debe cultivar un año cada siete (Levítico 25). Menos aún, debemos pensar que hoy repetiremos lo que hicieron los personajes de la Biblia, como rasgarse las vestiduras o hacer que alguien quede ciego (Hechos 13:11). Debemos buscar lo que el Espíritu quiere enseñarnos con esas historias.

Recordemos cómo Pablo decía a su discípulo Timoteo que debía mantener en mente que desde la niñez había conocido "las Sagradas Escrituras, las cuales te pueden hacer sabio para la salvación por la fe que es en Cristo Jesús. Toda la Escritura es inspirada por Dios, y útil para enseñar, para redargüir, para corregir, para instruir en justicia, a fin de que el hombre de Dios sea perfecto, enteramente preparado para toda buena obra" (2 Timoteo 3:15-17).

12. LA IGLESIA

Hay diversas definiciones que explican qué es la iglesia. Un uso vulgar es el de confundir el sentido de la palabra "iglesia" con el de "templo". En el lenguaje católico, se dice normalmente "Iglesia de San Nicolás" o "Iglesia de Cristo Obrero", así como muchos evangélicos declaran, por ejemplo, "Voy a la iglesia" o frases parecidas. Aunque este uso no tiene nada de profano, es un error, ya que confunde un edificio con lo que realmente constituye la iglesia: las personas que se reúnen en el nombre del Señor. Evidentemente, en el Nuevo Testamento no podía tener ese significado, ya que en esa época no habían templos y en realidad se tardaron quizá dos siglos antes que se erigiera algo específicamente para el culto cristiano.

Todos formamos el pueblo y el cuerpo de Cristo, porque todos lo hemos aceptado como Señor, y él nos ha regenerado a todos por medio de su sacrificio

---

En el Nuevo Testamento, encontramos la palabra "iglesia" en dos sentidos. Sin duda, el más común se refiere a lo que hoy llamamos una "iglesia local". Por ejemplo, Pablo escribe "a la iglesia de Dios que está en Corinto, con todos los santos que están en toda Acaya" (2 Corintios 1:1), expresión que, con pocas variantes se encuentra en todas sus cartas. Es claro que tenía en mente a los creyentes que se reunían en esa ciudad, a los que distinguía de los que estaban desparramados por toda la provincia (Acaya). En la práctica actual, en este sentido hay aplicaciones muy diferentes, que en general son producto de las circunstancias o de las prácticas de los distintos grupos cristianos. Algunos llaman "iglesia" a lo que llamaríamos sede central y dan otro nombre a los demás grupos, para los que se espera algún tipo de reconocimiento o desarrollo. En el fondo, es sólo asunto de palabras y no hemos de darle demasiada importancia, demostrando buena disposición para cualquier forma de expresarse.

Pero es claro que, en algunos casos, especialmente en algunas epístolas de Pablo como Colosenses o Efesios, se da a la palabra un contenido distinto. Por ejemplo cuando dice:

> *Cristo es cabeza de la iglesia, la cual es su cuerpo, y él es su Salvador ...La iglesia está sujeta a Cristo ...Cristo amó a la iglesia y se entregó a sí mismo por ella.*

Efesios 5:23,25

Ninguna congregación local pretendería que sólo ella es el cuerpo de Cristo, aunque en algunos casos, como en 1 Corintios 12, el mismo Pablo se refiere a la iglesia en tal lugar como al cuerpo de Cristo. Pero la idea básica en pasajes como éstos es lo que hoy llamamos "Iglesia universal" (y generalmente se escribe con mayúscula para más claridad). En tal caso, estamos pensando en todos los que, en cualquier parte del mundo creen en Cristo Jesús, de cualquier iglesia local y aun, en casos excepcionales (una persona que cree leyendo la Biblia) sin pertenecer a ninguna. Todo aquel que está unido al Salvador por la fe, ya está en relación con "la cabeza del cuerpo que es la iglesia" (Colosenses 1:18).

Finalmente, encontramos que se habla de una "Iglesia Católica", una "Iglesia Luterana", una "Iglesia del Nazareno", etcétera, etcétera. En general, esto es lo que llamamos "denominaciones". aunque, en cuanto a los católicos ni ellos le admiten ni los evangélicos usan esta palabra. Estos tiene una razón histórica. Hasta el siglo XVI se consideró que sólo había una iglesia en el sentido del párrafo anterior. La palabra "católica" significa "universal" y, si no tuviera hoy otras connotaciones, la podría usar cualquier denominación que estuviera en todo el mundo (de hechos, ocurre en algunos casos). Sin dudar, se puede decir que no hay la menor base bíblica para ello. Pero en realidad, ya se encuentra tan arraigado y sería tan difícil encontrar sustitutos que es inevitable admitirlo, aunque algunos no utilizan la palabra para sí mismos.

Lo importante es aprender a no poner énfasis en los términos o en los detalles externos. Debemos respetar el criterio del grupo al cual pertenecemos... y el de quienes piensen diferente. Todos formamos el pueblo y el cuerpo de Cristo, porque todos lo hemos aceptado como Señor y él nos ha regenerado a todos por medio de su sacrificio.

En muchos casos, junto a la idea de "iglesia", tenemos la de "comunidad". Eso nos lleva a pensar en todos aquello que están vinculados a la primera sin ser formalmente miembros de ella o sin haber tenido una experiencia personal, por ejemplo los familiares que se sienten más cerca que de otra confesión religiosa o los miembros de una colonia —en el sentido de colonizadores— que son descendientes, indiferentes quizá, de un grupo cristiano que se estableció en un lugar. Este concepto es útil, por ejemplo, cuando se hace un censo, ya que, a ojos del público, es imposible hacer las diferencias que haría una congregación o iglesia. Pero la distinción debiera ser clara en la mente y las prácticas de los verdaderos creyentes.

TERCERA PARTE

Cómo crecer en la vida cristiana

Como hemos visto, la vida cristiana comienza —como toda vida— con el nacimiento, el nuevo nacimiento. Sin ese paso, todo lo demás es inútil. Por decirlo de alguna manera, una persona puede saber la Biblia de memoria, puede hacer las mayores ofrendas, pueden escribir las mejores canciones, pero si no tiene a Cristo en su corazón nada de eso servirá para hacerle crecer en una vida que no tiene. Quizá le ayude de muchas maneras y será bueno que lo haga —por ejemplo, los no cristianos también deben socorrer a los necesitados—, pero de ninguna manera ello le puede servir para sentirse más cerca de su Señor.

Así como es necesario entender eso, también hay que admitir que no se puede disfrutar de la vida cristiana si no se usan los medios que el mismo Dios ha dejado establecido. Muchos se preguntan por qué no tienen el sentido de triunfo y gozo que sí tienen otros que conocen. Las comparaciones son siempre un error, sobre todo si se hacen con lo que tienen o logran los no cristianos, que puede ser muy aparente y que por cierto no va más allá de esta vida mortal. Aun cuando nos medimos con otros creyentes, debemos tener en cuenta que no siempre las cosas son como se ven; simplemente por diferencia de carácter, algunos exhiben una seguridad que no tienen, de lo cual quizá ni se dan cuenta. También hemos de pensar que Dios actúa distinto con cada uno, por razones que en general desconocemos. La idea de que no tenemos victoria por algún castigo o una deficiencia nuestra a veces es acertada, pero muchísimas veces no; basta pensar en cuántos grandes creyentes han padecido de una u otra manera.

Dios siempre retribuye, sea en lo bueno, sea en lo malo. La diferencia está en que a veces lo hace inmediatamente, a veces algo después, a veces mucho más tarde y a veces sólo en la eternidad. No nos corresponde juzgar, pero sí admitir que tal vez no pueda ser de otra manera; por ejemplo, lo que él nos llegue a dar en satisfacciones por la educación que hemos luchado para que tengan nuestros hijos, sólo puede tener su recompensa al cabo de algunas décadas. Lo mismo ocurre con muchas cosas del servicio cristiano, por lo general con una lógica fácilmente visible. Además, aunque sea duro, no debemos medir la recompensa divina con criterios materiales; todos valoramos más el amor de nuestros seres queridos y otras cosas que no se pueden poner en el banco. Es interesante leer el Salmo 77 donde el poeta se queja a Dios por lo que le ocurre, pero luego exclama: "Enfermedad mía es ésta" y entonces resuelve recordar todo lo que debe a Dios en su pasado y cómo él es "el Dios que hace maravillas".

**Dios siempre retribuye,
sea en lo bueno, sea en lo malo.
La diferencia está en que
a veces lo hace inmediatamente,
a veces algo después,
a veces, mucho más tarde
y a veces sólo en la eternidad**

Es bueno pensar en estas cosas al principio de la vida cristiana cuando se piensa que los triunfos de la primera hora continuarán indefinidamente. No es normal que así sea y es necesario entonces volver al recuerdo de lo que el Señor ha hecho con nosotros y apelar a los recursos que él nos provee, no sólo para superar horas difíciles sino también para ir cada vez más alto en nuestra relación con él.

Todos los autores se refieren a las mismas cosas, ya que no hay que pretender novedades con lo que Dios nos ha revelado, aunque ello no esté en forma sistemática en su Palabra. Es muy repetida una buena comparación: la oración es la respiración del alma, la lectura de la Biblia es la alimentación y el testimonio es el ejercicio. De esas tres cosas precisamos en nuestra vida física y también en nuestra vida espiritual. Además, debemos recordar que Dios nos da la forma de practicarlas personalmente, pero también nos provee un pueblo, una comunidad donde todo ello se valoriza y se aprende a desarrollar mejor; el don que nos ha otorgado de la iglesia es por eso de enorme valor y merece que le dediquemos nuestra atención.

Digamos, pues, algunas palabras para cada uno de esos preciados dones de Dios al cristiano.

1. LA ORACIÓN

Desde que Caín y Abel rindieron culto a Dios hasta la última frase del Apocalipsis, la oración está presente en toda la Biblia. Ello responde a un impulso natural del alma, pues vemos que algo similar aparece en todas las religiones y culturas, aunque adopte formas tan diferentes. Este hecho de que sea algo absolutamente natural nos obliga aún más a cuidar del contenido y la forma que le damos.

1.*¿Qué es la oración?* La oración es el encuentro de nuestras almas con Dios. No podemos verle con los ojos ni escucharle con nuestros oídos, pero podemos sentir con la misma certeza que él nos oye y que nos contesta. Sólo el creyente puede captar todo lo que esto significa, aunque por cierto Dios no deja de prestar oído al clamor sincero de los incrédulos, ya que ese mismo clamor puede bien ser un primer indicio de la conciencia de que hay un Ser superior que puede oír y ayudar.

Con mucha frecuencia, la oración es un monólogo que dirigimos al Señor. Por supuesto, comienza siendo nuestro acto de colocarnos delante de él y de decirle todo lo que tenemos en el corazón. Tal vez debemos aprender que la oración puede ser un diálogo, o sea que debemos darle tiempo para que nos conteste. La experiencia dice que, en muchos casos la respuesta a algún problema o lo que debemos hacer al respecto surge en el momento mismo que estamos orando y sólo puede ser atribuida a Dios.

Nuestra oración debe ser dirigida a Dios el Padre. Por supuesto, sabemos bien que no precisamos de la intermediación de sacerdotes, santos, vírgenes o cualquier otro ser creado:

> *Hay un solo Dios y un solo mediador entre Dios y los hombres, Jesucristo hombre.*

1 Timoteo 2:5

El Maestro nos enseñó a orar en su nombre:

Todo lo que pidiereis al Padre en mi nombre, lo haré.

Juan 14:13

En resumen: oramos a Dios, en el nombre de Cristo, con la ayuda del Espíritu Santo. Orar "en el nombre" de Jesús, significa apelar al derecho que tenemos por su obra en nosotros.

2. *Por qué debemos orar.* Esta pregunta quizá es innecesaria, ya que lo hacemos como algo natural. Precisamente por eso, porque es algo que surge espontáneamente de nuestros corazones, debemos cuidarnos de no descuidar algo que nace como un impulso lógico. ¿Acaso alguien pregunta por qué debe hablar con su padre, con su novio, con sus amigos? Precisamente porque es su padre, su novio, su amigo o cualquier otra relación apreciada.

Oramos porque es la forma, bíblicamente señalada, de incrementar nuestra relación con Dios

Debemos orar porque es un mandamiento bíblico. Repasemos las epístolas para ver cuántas veces sus autores exhortan y aun piden la oración. Cuando Pablo dice: "Orad por nosotros" (2 Tesalonicenses 3:1), está indicando: 1) que debe practicarse la oración; 2) que los creyentes deben orar unos por otros; 3) que todos necesitamos que los demás oren por nosotros.

Oramos porque es la forma, bíblicamente señalada, de incrementar nuestra relación con Dios. Esto se ve claramente en los Salmos, muchos de los cuales no son sino oraciones. En el Salmo 8:1 ("¡Oh Jehová, Señor nuestro, cuán glorioso es tu nombre en toda la tierra!"), el poeta reconoce que ha captado más de la majestad del Creador, mientras que en el 4:1 ("Respóndeme cuando clamo, oh Dios de mi justicia. Cuando estaba en angustia, tú me hiciste ensanchar"), reconoce que el Señor es justo, ayudador y misericordioso.

Otro motivo para la oración es que ésta cambia las cosas. Si no creyéramos que puede ocurrir lo que estamos pidiendo, simplemente estaríamos perdiendo el tiempo. Esto no quiere decir que necesariamente ocurrirá lo que reclamamos, en el momento y la forma que lo pretendemos, porque eso sería ponernos en lugar de Dios y la oración se convertiría en una serie de órdenes, lo cual es absurdo.

Este tema provoca muchas preguntas a quienes quieren razonar un poco: ¿Cómo puedo yo hacer cambiar la voluntad de un Dios omnipotente y que ya sabe, desde antes de la creación del mundo, qué es lo que va a ocurrir? Pues bien, entre las cosas que Dios sabe, está el hecho de que yo voy a orar, pidiendo tal o cual cosa y, como "Dios es amor", no pude pasarlo por alto. No necesitamos insistir en que no siempre las cosas suceden como las pedimos y hay razones para ello. Pero tampoco suceden *como si no hubiéramos pedido*. No podemos pretender que mi pedido es *la* única causa para que pase algo, pero sí podemos estar convencidos de que siempre es *una* de las causas para que sea así; tal vez es la causa determinante, la que permite que todas las demás ocupen su lugar y no podemos dejar que algo bueno no ocurra porque nos vengan dudas sobre el valor de algo que el mismo Dios nos ha ordenado y ha puesto como un deseo en nuestro corazón.

3.*Cómo debemos orar.* No todo lo que decimos o pensamos es realmente una oración. Si estamos "conversando" con alguien y entre tanto pensamos en otra cosa, no podemos decir que eso es un diálogo. Si reconocemos que hemos hecho algo malo, pero en el fondo no lo creemos, eso no es una confesión. Si hablamos en alemán a alguien que no sabe alemán (lo cual puede ser un acto de menosprecio, tratándole de ignorante) es como si dijéramos que nos dirigimos a Dios mientras rendimos culto al demonio con nuestros actos.

Una primera consideración es la forma exterior. Antes de enseñarnos el modelo de lo que conocemos como el Padre Nuestro, Jesús nos exhortó a encerrarnos en nuestra cámara y orar en secreto, para no caer en la tentación de ser como los fariseos y transformar la oración en un espectáculo público. Dijo inclusive que debemos cerrar la puerta, para que nuestro diálogo con Dios sea a solas.

Más importante que nuestra postura física es nuestra actitud espiritual

No tiene mucha importancia nuestra posición física, aunque para algunos eso ayuda a concentrarse y a sentirse en relación con Dios.

Hay quienes sienten que no están orando si no están de rodillas. Otros lo hacen de pie (así era frecuente en los tiempos bíblicos), levantando las manos o haciendo cualquier otra señal con su cuerpo que les ayuda a sentir lo especial del momento. Hay quienes, aun cuando están a solas, prefieren decir las palabras en alta voz y aun se encuentran los que escriben lo que quieren compartir con el Señor. Es una bendición leer lo que han escrito algunos de los grandes del pasado, aunque naturalmente no escribiremos sino para que ello sea visto por Dios y por nosotros mismos; algunos de los que lo hacen, suelen repasar tales pedidos para anotar la fecha en que lo hicieron y la fecha en que el Señor les contestó. Por eso, algunos tienen una lista con los motivos que quieren presentar a Dios; ello es de ayuda porque somos olvidadizos —o el diablo nos distrae— y puede ocurrir que después lamentemos no haber tenido la bendición de haber orado por algo que sí estaba en nuestro corazón.

Más importante que nuestra postura física es nuestra actitud espiritual. Por ejemplo, es elemental que para orar a Dios, hay que creer que él existe; sin embargo, la Biblia lo indica como un mandamiento.

Pero, ¿qué debemos recordar de ese Dios a quien hablamos? Por un lado, recordamos que es un Dios de poder, que él sí puede hacer "todas las cosas mucho más abundantemente de lo que pedimos o entendemos" (Efesios 3:20). Si no fuera así, no valdría la pena orar. Pero tampoco valdría la pena si no fuera porque Dios no sólo es un Señor de poder, sino también un Padre de amor. Dicho de otra manera, Dios no sólo *puede* respondernos, sino que también *quiere* hacerlo. Una cosa es tan importante como la otra.

Por eso, debemos orar *con fe*. Es necesario que creamos que lo que pedimos realmente puede suceder. Ponemos nuestra fe en Dios para que él lo haga en el mejor momento y de la mejor manera.

Eso significa que oramos *en espíritu de dependencia*. Si comprendiéramos plenamente todo lo que significa estar delante de aquel que ha creado el mundo y que lo mantiene hasta hoy, así como de nuestra pequeñez, nos daríamos cuenta de todo lo que quiere decir la frase de nuestro Señor: "No se haga mi voluntad, sino la tuya" (Lucas 22:42; notemos que, en este caso, *no* se hizo la voluntad del que estaba orando). Pero debemos tener cuidado de la aparente piedad de esa forma de orar, que debemos usar aunque más no sea que porque de ello nos dio un ejemplo el Salvador. Pongamos el ejemplo de un enfermo que científicamente hablando no tiene cura.

Si creemos que Dios lo puede sanar, pidámoslo con claridad; si tenemos dudas, no se lo pidamos y clamemos por una agonía sin sufrimiento. Pero no usemos esa expresión para cubrir nuestra real falta de una fe dependiente de quien todo lo puede.

Orar dependiendo de Dios significa reconocer su soberanía para contestar como quiera. Grabémonos bien que él *siempre* contesta. Algunas veces es claro que contesta que sí. Eso puede ocurrir como algo normal y natural (que nuestro hijo nazca bien o que haya bendiciones en un culto) o por caminos sorprendentes (que nos llegue por correo —o sea despachada mucho antes— la suma que precisamos con urgencia). Lo que nos importa es que de una u otra manera, Dios nos contesta.

Naturalmente, muchas veces el "sí" de Dios es un "todavía no" o un "hay que esperar". A veces es lo más lógico. Pediremos al Señor que dé éxito en su carrera a nuestros hijos desde que la empiezan y sólo veremos la respuesta años después. Si estamos haciendo un trámite, el hecho de que dure más de lo que deseamos no significa que él no contesta, sino que, por alguna razón, no lo hace cuando nosotros calculamos, quizá a causa de nuestra ignorancia (por ejemplo, que debe firmar un funcionario que no está en el país).

Si oramos con espíritu de dependencia, ni siquiera pretenderemos ver todas las respuestas sino simplemente confiar en que él las dará a su tiempo. Pensamos en alguien que predica por radio; ora antes de hacerlo, pero no tiene cómo saber siquiera si hay una persona oyendo. Tal vez, tiempo después (un llamado enseguida, una carta algo después, o un testimonio mucho más tarde) permitan conocer la respuesta a la oración, pero sin duda una de las glorias de la eternidad será comprobar que ha habido muchas más contestaciones a nuestros pedidos de lo que habíamos sabido.

Si oramos con espíritu de dependencia, ni siquiera pretenderemos ver todas las respuestas sino simplemente confiar en que él las dará a su tiempo

---

Pero ¿qué decir cuando Dios contesta con un "no"? En primer lugar, la simple pregunta reconoce que Dios ha contestado. Enseguida comprendemos que, si lo ha hecho así, es porque sabía que era mejor.

A veces, la negativa divina puede ser sólo motivada por el sentido común (en realidad, debiéramos decir "el sentido común que nos falta al pedir", ya que no se puede hablar de Dios en esos términos). ¡Cuántas veces hemos pedido un absurdo del que después nos arrepentimos! ¿Nunca tuvimos que escribir una carta pidiendo perdón por lo que dijimos en otra escrita un rato antes? Agradecemos al que la recibe si da proinexistente la primera. O supongamos que dos personas piden a la vez por algo que es único (un puesto, una novia, una victoria bélica). Puede ocurrir que Dios lo conceda a quien él sabe que es mejor, así como que quizá para el otro haya un trabajo mejor en otra compañía, una mujer más adecuada para ser su pareja o un armisticio en lugar de una batalla.

Jesús dijo que no hay hombre alguno que, si su hijo "le pide un pescado, le dará una serpiente" (Mateo 7:10). Comentemos que, si le pedimos una serpiente, tampoco la dará.

Un ejemplo de esto es el del profeta Elías, cuando estaba apremiado por una gran depresión y pidió a Dios que le quitara la vida (1 Reyes 19:4). Dios ni siquiera contestó a su súplica: entendió que estaba cansado ¡y lo hizo dormir, para luego darle nuevas fuerzas! (v. 5).

Por todo eso debemos orar *con paciencia*. Si Dios puede considerar que es mejor que esperemos, es bueno que no desesperemos. Un aspecto de la paciencia es la perseverancia. Jesús enseñó "sobre la necesidad de orar siempre, y no desmayar" (Lucas 18:1). Si realmente hay algo que tenemos en el corazón, sentiremos la necesidad de insistir delante de Dios, naturalmente que por nuestro bien y no porque él precise que se lo recordemos. Algunos prefieren reiterar mucho sus pedidos y otros no; cada cual debe actuar de acuerdo a cómo siente que Dios le dirige.

Finalmente, debemos orar *con honestidad*. Es frecuente que muchos se preocupen por las palabras que usan y aun por los temas que incluyen en su oración ¡como si Dios no lo supiera todo! Por eso, Jesús dijo que no usemos "vanas repeticiones" (Mateo 6:7), creyendo que seremos oídos por nuestra palabrería. Suena un poco fuerte, pero describe la realidad. Si cuando hablamos con nuestro padre terreno, le decimos: "Te pido", no digamos "Te suplico" a nuestro Padre celestial. Si le decimos "Muchas gracias" al primero, no nos dirijamos al segundo con frases tan hermosas como vacías, al estilo de "Tú sabes que mi corazón rebosa de gratitud y alabanza".

La lectura de los Salmos y de algunos pasajes de los profetas nos muestran cómo ellos decían a Dios exactamente lo que sentían. Si estaban enojados, le decían eso mismo a Dios. Por ejemplo: "Mi alma está muy turbada; y tú, Jehová, ¿hasta cuándo?" (Salmo 6:3). O "¿Hasta cuándo los impíos, hasta cuándo, oh Jehová, se gozarán los impíos?" (94:3).

Naturalmente, esto obliga a recordar que la Biblia nos exhorta reiteradamente a orar *en espíritu de gracias*:

> *Sean conocidas vuestras peticiones delante de Dios en toda oración y ruego, con acción de gracias.*

Filipenses 4:6

El simple hecho de que Dios nos oiga ya es motivo para agradecer. Saber que él nos contesta enseguida o más tarde, que sí o que no, siempre, en todos los casos, es motivo de agradecimiento. Y por supuesto, cuando comprobamos claramente que él se ha dignado concedernos lo que nos hemos atrevido a pedir, nuestra gratitud debe ser rápida y específica.

4. *Cuándo debemos orar.* Hay un versículo bíblico que se suele citar en relación con esta pregunta: "Orad sin cesar" (1 Tesalonicenses 5:17). Por supuesto, eso no significa que debemos estar orando veinticuatro horas por día, ininterrumpidamente. Por ejemplo, cuando estamos trabajando en aquello que es nuestra obligación, debemos concentrarnos en ese deber y no derivar nuestros pensamientos hacia otras cosas, aunque sean sagradas.

Pero el breve versículo puede ser de mucha importancia. Por un lado, quiere decir que siempre debemos estar en espíritu de oración, o sea conscientes de la presencia de Dios. Un caso típico es el de Nehemías a quien encontramos orando siempre. En el libro que cuenta su historia, se nos dice cómo lo hacía largamente si era oportuno (capítulo 1) y cómo lo hacía rápida y diríamos que disimuladamente en otros casos. En 2:4, mientras se narra su entrevista con el rey, el relato tiene este paréntesis: "Entonces oré al rey del cielo", como aparece varias veces. Sin duda, tenía conciencia de que, para obtener una respuesta positiva del monarca, era necesario que Dios le tocara el corazón. Hay muchas ocasiones en que, aun estando en un lugar público, podemos clamar breve pero fervientemente pidiendo el socorro divino o agradeciéndole su favor.

**Hay que tener conciencia de que una de las
tentaciones habituales de Satanás es la de
distraernos para que nos olvidemos
de buscar el rostro de Dios, sobre todo
en los momentos felices**

Por supuesto, eso no es lo que Cristo quería decir cuando exhortaba a que nos encerremos en nuestra cámara y oremos en secreto. Es imprescindible dedicar un tiempo específico para hablar con Dios y nada más. Cuando enfrentamos momentos especiales, cuando hay que tomar decisiones serias, cuando nos ha dado una bendición notable, nada más lógico que decírselo a él a solas, tal como pedimos de hablar a solas con una persona con quien tenemos que tratar de cosas trascendentales. En esto también se aplica la necesidad de orar "sin cesar": no hemos de hacerlo cuando estamos en angustia (como la anécdota común del que clama cuando se está ahogando) ni sólo cuando todo nos va bien; debemos orar "sin cesar", cualesquiera sean las circunstancias en que estemos. Hay que tener conciencia de que una de las tentaciones habituales de Satanás es la de distraernos para que nos olvidemos de buscar el rostro de Dios, sobre todo en los momentos felices.

De allí surge una pregunta habitual: ¿qué es mejor: orar cuando lo sentimos o crear una costumbre, un hábito, hasta diríamos una rutina de hacerlo en determinado momento y lugar? La respuesta es que ambas cosas. Aunque estemos, por ejemplo, en un ómnibus yendo a buscar un dinero o una carta o volviendo felices (o no) con ello, no hay por qué esperar al día siguiente cuando llegue el momento que hemos separado para ello. Por el otro lado, hay quienes sienten que caen en formulismo y prefieren no "atarse" al establecimiento de hora y lugar. Sin embargo, la experiencia indica claramente que esto tiene muchas ventajas. Por un lado, impide que nos descuidemos en aprovechar ese privilegio. Además nos ayuda a asegurar que lo hacemos cuando más podemos disfrutar de tranquilidad. Para muchos, especialmente en las ciudades, esto es un problema y hay quienes se resuelven a ir a una plaza o aun a un bar para leer la Biblia y orar sin interrupciones; inclusive en casa, tomemos todas las precauciones posibles para lograr la necesaria paz.

Muchos preguntan cuánto es el tiempo que deben dedicar y se oyen muchos consejos al respecto. Además se cuentan historias de personas muy piadosas que pasan tantas horas o largos minutos haciéndolo. La verdad es que ésta es una de las cosas que no se pueden medir. Puede ocurrir que caigamos en las "vanas repeticiones" que mencionó el Maestro (Mateo 6:7), olvidando que Dios ya sabe "de qué cosas tenéis necesidad" (v.8). Cada cual debe orar de acuerdo a lo que siente y a su forma de ser. El espíritu con que lo hagamos es más importante que el tiempo que nos invierta. Al mismo tiempo, si lo hacemos con fervor y reverencia, no lo haremos como "para cumplir", apresuradamente.

Es importante que nuestro diálogo con Dios sea espontáneo

También se debe aprender a dedicar aunque sea un instante a la oración, por ejemplo, cuando vamos a la iglesia. Es imprescindible que tengamos un momento de paz con Dios para entrar en contacto con él, alejando todos los demás pensamientos; lo mismo diríamos al terminar. También es bueno mantener la costumbre de dar gracias a Dios por la comida antes de comenzar a participar de ella. Por un lado, eso ayuda al orden en la mesa, pero lo más importante es que nos impide olvidar que todo lo bueno proviene de él. Algunos lo hacen como parte de un momento devocional más largo y otros se limitan a una frase; lo único importante es cuidar que, aunque sean dos palabras —que quizá son suficientes— sean realmente un momento de concentración ante el Señor.

5. *Por qué cosas debemos orar.* Esta pregunta podría expresarse diciendo qué debemos incluir en nuestras oraciones. Una vez más, es importante que nuestro diálogo con Dios sea espontáneo. Pero eso no impide que cuidemos de poner algo de orden. Cuando vamos a hablar con una persona de varias cosas —y hasta cuando salimos de compras— a menudo anotamos lo que vamos a decir y no hay nada de malo en hacer lo mismo cuando tenemos tantos que compartir con nuestro Dios. Una forma de encarar el tema es estudiar en la Biblia qué incluían en sus oraciones los grandes de la fe, ciertamente que no para crearnos una especie de liturgia

privada obligatoria, sino para aprovechar al máximo esos momentos.

- *Adoración.* Con esto queremos decir que es bueno dedicar al menos unos instantes a "sintonizarnos" con Dios. Las cosas de alrededor suelen absorber mucho nuestros pensamientos e impiden una comunión fluida con él. No es necesario usar frases grandilocuentes, aunque puede ser bueno tratar de descubrir algo de la grandeza de aquel con quien vamos a hablar. Por ejemplo, el Salmo 75 empieza: "Gracias te damos, oh Dios, gracias te damos, pues cercano está tu nombre; los hombres cuentan tus maravillas".

- *Acción de gracias.* Si leemos las cartas del apóstol Pablo, notamos que siempre comienzan buscando los motivos para agradecer a Dios. Pensemos en la iglesia de Corintio, que le había dado tantos disgustos. Pero quizá por eso dedica un largo párrafo a agradecer a Dios por ellos, sus riquezas espirituales, el testimonio que daban, sus dones y la fidelidad divina al confirmarlos (1:4-9). Es buena costumbre comenzar de esa manera, ya que ello cumplirá con un deber y nos ayudará a esperar más bendiciones de su parte. Además nos mostrará que podemos estar equivocados al pensar en todo lo que nos falta.

- *Confesión.* La oración no debe transformarse en algo enfermizo explicándole a Dios lo que él también ya sabe: que somos pecadores. Más bien, debemos seguir el mandato de probarnos, examinarnos a nosotros mismos al comenzar nuestra oración. En ese momento no mentiremos, de modo que es probable que allí descubramos el porqué de algunas tribulaciones, aun antes de presentarlas a Dios. Es claro que, si no queremos admitir nuestro pecado y clamar a Dios para que nos lave de él, difícilmente podremos gozar de las bendiciones que él tiene preparadas.

- *Petición.* Es claro que ésta ocupará una buena parte de nuestra conversación con Dios. A él le agrada que le presentemos nuestras necesidades. Es sobre todo en este punto que puede ser bueno tener lo que algunos llaman una "lista de oración", o sea una nómina de todo aquello que queremos presentar a Dios. Podemos tal vez hacer un calendario anotando de antemano los temas de nuestra súplica día por día.

Es natural que comencemos en general por nuestras necesidades, tal vez porque algunas son reservadas. Luego presentaremos las de nuestros seres queridos y las de nuestra iglesia para pasar a todo aquello que está en nuestro corazón; se entiende que si hay una urgencia o una carga en nuestro corazón, ello precederá a lo demás. Habrá también motivos especiales, muchos de los cuales son especificados en la Biblia o se nos dan ejemplos de ello, como ser acontecimientos extraordinarios (nacimiento de un hijo, inauguración de un templo) o simplemente situaciones especiales, los problemas de nuestro país o vecindad, las autoridades y muchas otras cosas.

6. *Con quién debemos orar.* Casi todo lo que hemos dicho se refiere a lo que llamamos "oración privada", sobre la cual Jesús habló en Mateo 6. No es necesario insistir más en ello.

Pero la Biblia muestra claramente que también debemos orar junto con otros. Jesucristo dijo que él está presente donde se reúnen dos o tres en su nombre. En algunos casos, será de mucha ayuda encontrar a alguien con quien compartir esos momentos especiales, sobre todo cuando es alguien de nuestra confianza, que sabe el porqué de nuestra súplica.

Eso se extiende a la vida familiar. Los matrimonios deben hacer todo lo posible por tener momentos juntos, dedicados a poner delante de Dios toda su vida de hogar. Del mismo modo, es responsabilidad de los padres dirigir momentos con todos los miembros de la familia.

Y naturalmente la iglesia debe dedicar tiempo a orar. Si es posibles, debe tener reuniones o grupos dedicados a ello. Hay formas muy distintas de hacerlo y debemos aprender a adaptarnos. En cuanto a lo personal, hay que tener sabiduría para lo que se presenta. El que ora lo hace en nombre de todos; debe usar el lenguaje de todos y mencionar aquellas cosas en que todos coinciden; es muy grave usar ese momento sagrado para el lucimiento personal o aun para una velada crítica o un sermón a los demás. Si hay ocasión de presentar nuestra gratitud o pedido, debe recordarse que se está en público y que algunas cosas deben mantenerse en la esfera privada (tal vez con algún compañero de oración). Por supuesto, debe usarse un tono de voz que todos oigan. Debemos hacer todo lo posible por participar de esas reuniones. Muchas veces en las iglesias se nota quiénes las comparten, ya que están mucho más identificados entre sí y con la causa del evangelio. De cualquier manera, siempre ha de mantenerse el consejo apostólico de orar siempre y sin desmayar.

2. LA LECTURA DE LA BIBLIA

Algunos pensarían que este tema debiera haber sido colocado primero y habría motivos para ello, ya que todo, en nuestra vida cristiana debe nutrirse de la Biblia y, sin el conocimiento más profundo posible y sin una lectura continua, no hay posibilidad de verdadera relación con Dios. Hay quienes se detienen a analizar si, en los momentos devocionales privados, la oración debe preceder a la lectura bíblica o si debe ser a la inversa; no es posible poner reglas: digamos que debe leerse en espíritu de oración y debe orarse de acuerdo a las enseñanzas de la Escritura. Pero como no estamos ante un libro igual a cualquier otro, para aprovecharlo realmente debemos tener algunas cosas en cuenta y por eso vienen bien algunos comentarios.

> **La vida cristiana debe nutrirse de la Biblia y, sin el conocimiento más profundo posible y sin una lectura continua, no hay posibilidad de verdadera relación con Dios**

1. *Cuál debe ser la motivación para leer la Biblia.* Si leemos un poema, es para inspirarnos; si tomamos una novela es para distraernos y si lo que tenemos es un tratado de geografía, es porque queremos educarnos. Y entonces ¿para qué leemos la Biblia?

- *Para conocer una gran obra.* Este *no* es el motivo básico, pero puede ser el más generalizado. Una persona que no ha leído la Biblia no puede pretender que tiene un mínimo de cultura. Es el libro más difundido en el mundo. Es el que ha inspirado a más artistas y autores, desde las grandes pinturas de Miguel Ángel hasta las palabras cruzadas del diario. Contiene poesías de majestuoso vuelo literario y habla de personajes (como Adán, Noé, Sansón, Pilato, María y el mismo Jesús) que todos mencionan. No conocer directamente la Biblia es carecer de algo insustituible.

- *Para conocer la voluntad de Dios.* Este *sí* es el motivo fundamental. La Biblia es el único libro inspirado por él. Sólo en ella tenemos consignada cuál es la vida que debemos llevar los creyentes. Muchísimas veces, ante una situación determinada, en sus páginas encontramos una respuesta maravillosa. No es un libro de doctrina, aunque tiene toda la doctrina necesaria. Es una guía para la vida, a través de los consejos de las epístolas, las enseñanzas de Cristo en los evangelios, las advertencias de los profetas, los cánticos y oraciones de los Salmos, los ejemplos históricos, todos ellos son caminos que el Señor usa para que comprendamos lo que quiere de cada uno de nosotros; como somos distintos unos de otros, ha usado distintos medios (o estilos) para que no quede nadie sin su mensaje. En ella encontramos esa voluntad suprema para nosotros y también para la iglesia. Cuando aparecen nuevas prácticas, cuando hay planes que nos provocan dudas, cuando hay algún "viento de doctrina" que afecta a otros (o a nosotros), la única manera legítima es la de recurrir a la Biblia con un estudio serio. En esos casos, posiblemente no basta nuestra propia lectura, sino que puede ser necesario recurrir a opiniones autorizadas, sea por la lectura o la consulta.

  En todos los casos, una guía imposible de soslayar es la de no leer nada fuera de su contexto. Hay casos en que alguno lee una promesa o un mandato que, por ejemplo, fue dado a Israel en el desierto y confía que Dios le mandará el maná del cielo (o sea sin trabajar) o que la iglesia tiene que ir de un lugar a otro, en vez de edificar un templo.

- *Para saber qué obedecer.* Para un cristiano, sólo es obligatorio lo que está en la Biblia. No tiene por qué creer, por ejemplo, que el apóstol Pedro murió en Roma, ya que no se lo dice. Tampoco tiene que permitir que se divida la iglesia porque haya que elegir un director de canto, ya que, aunque David los haya designado, nunca se nos ordena hacer lo mismo. (Al mismo tiempo, es posible que haya iglesia que sí crean tal o cual cosa y debemos aprender a ser respetuosos.)

Pero lo importante es leer la Biblia en espíritu de obediencia. Es muy cierto que hay mandatos que tenían que ver con la época o las circunstancias, pero, sí se dice que "el que no quiere trabajar, que tampoco coma" (2 Tesalonicenses 3:10), las deducciones son evidentes. Pero, sí Pablo dice que la iglesia no debe ayudar a viudas menores de sesenta años (1 Timoteo 5:9-11), nadie creerá que eso es absoluto o que sí hay que ayudar a quien quizá tenga una importante herencia o pensión.

La cuestión no está en si debemos o no obedecer lo que dice la Biblia —o sea Dios por medio de ella— sino cómo debemos aplicarlo para el día de hoy. Nuestra oración debe ser siempre: "Enséñame a entender y a aplicar obedientemente lo que he entendido".

• *Para no detenernos en las dificultades.* Digamos claramente que nadie entiende *toda* la Biblia. Como es el mensaje de la inteligencia perfecta, es posible que haya cosas que sólo entendamos en la eternidad. Con seguridad, al principio de la vida cristiana, nos pasará con frecuencia que algunas cosas nos resultan difíciles o aun contradictorias. Partamos de la base de que la Biblia no está equivocada. Puede haber un problema en la traducción o en palabras que no son comunes, quizá porque se habla de cosas que no son comunes (como las del campo, para los que viven en la ciudad). Puede haber en nosotros ideas preconcebidas que nos dificultan captar las que son realmente bíblicas y que baste preguntar a alguien para resolver rápidamente la cuestión. Pero lo importante no es resolver todos los problemas. Nadie deja un libro porque haya palabras o hechos que no entienda; si le interesa, sigue leyendo igual. Aunque es bueno tratar de encontrar respuestas para nuestras dudas, más importante aún es recordar que todo lo que es importante, lo que es necesario para la salvación y la vida cristiana puede ser entendido por un niño o un iletrado. Si de repente nos tropezamos con algo más complicado, sigamos adelante y encontraremos que las bendiciones son mucho mayores que los problemas.

2. *Qué Biblia usar.* Por supuesto, ésa es la forma en que la pregunta se hace en el lenguaje popular, ya que Biblia hay una sola y sólo podemos referirnos a qué traducción o qué edición usar. La respuesta puede ser simplemente que cualquiera, pero vale la pena agregar algunas observaciones.

En primer lugar, consígase una edición con letras grande. En algunas hasta se hace difícil la lectura y entonces ésta no resulta agradable. Procure que la vista se deslice fácilmente y que no haya riesgo de saltear líneas. Si quiere hacer marcas, que las mismas quepan sin perjudicar la visión del texto. También vea que la encuadernación sea fuerte —como suele ser— y que ayude al manejo. Posiblemente, sea bueno tener dos ejemplares: uno para llevar a la iglesia y otro para la lectura privada, de modo que en éste usted pueda poner señales, fechas, subrayados, etcétera, y la otra pueda ser leída de acuerdo a lo que se sugiera desde el púlpito y no a sus estudios anteriores.

Tenga en cuenta cuál es la que se usa en el culto público y lleve ésa, al menos al comienzo de la vida cristiana, pues de otro modo puede ocurrir que las pequeñas diferencias de traducción le resulten más llamativas que las grandes verdades que contiene. En la gran mayoría de los casos, las iglesias evangélicas usan la versión tradicional hecha por Casiodoro de Reina y Cipriano de Valera en el siglo XVI, aunque después se han hecho varias revisiones, su permanencia indica su calidad como traducción y como literatura. Sin embargo, debemos recordar siempre que el texto inspirado por Dios es el de los originales y no el de la mejor traducción o la más usada como es este caso.

Para la lectura personal, puede ser de ayuda leer otra traducción, en parte porque la comparación ayuda mucho a descubrir el sentido del texto original; muy a menudo es la mejor forma de aclarar una duda. La llamada Versión Popular, hecha por las Sociedades Bíblicas, ha buscado usar un lenguaje moderno. Quizá por eso o por otras razones que no discutiremos aquí, algunos no gustan de ella. Úsela si eso no choca con quienes le rodean.

En general, todas las traducciones de la Biblia que hay a nuestro alcance pueden leerse sin problemas, salvo casos muy aislados como la que han hecho los Testigos de Jehová, con intención de probar sus doctrinas. Hay ahora unas cuantas que han sido producidas en el seno de la Iglesia Católica y que tienen mucha calidad. Esto se refiere al texto mismo y no a las notas que se agregan al pie de página o antes de cada libro, por ejemplo, donde sí puede haber interpretaciones doctrinales con las que hay que tener cuidado. Agreguemos que el concepto católico del canon (o sea la lista de libros que componen la Biblia) no coincide con el de los evangélicos o los judíos, porque incluye varios libros que no estaban en las Escrituras de los hebreos. Salvo algunas cosas, dicen mucho de bueno, pero debemos recordar siempre que *no* son Palabra de Dios.

La observación sobre las notas debe hacerse también para las ediciones evangélicas, llamadas "Biblias de estudio", que contienen datos adicionales, explicaciones de palabras, informaciones históricas, etcétera. Es muy útil tener una de ellas, pero siempre cuidando de no olvidar que lo que no es parte del texto *no* es divinamente inspirado. Algunas veces tienen algún criterio doctrinal, que puede ser muy bueno, pero que no tiene necesariamente que ser la única verdad, como ocurre con la Palabra misma.

Además de ese tipo de ediciones de la Biblia, es bueno usar otras ayudas. Muchos ejemplares incluyen algunas, como tabla de pesas y medidas, lo que es muy útil, por ejemplo, para entender qué quería decir Jesucristo cuando hablaba de un codo o un talento. Casi siempre hay lo que se conoce como "referencias", que son muy provechosas. En el texto mismo, aparecen numeritos o letras, que están repetidos al pie con una o más citas bíblicas; de ese modo, sabemos qué pasaje del Antiguo Testamento se cita en el Nuevo, dónde está la misma enseñanza, dónde está la historia de un personaje mencionado, etcétera, todo lo cual es de mucha ayuda.

Esto puede mejorarse con un diccionario de la Biblia, donde toda la información es dada con amplitud. También tenemos lo que se denomina "concordancia". Es un libro en el cual encontramos alfabéticamente todos los versículos que contienen una misma palabra (se incluyen en algunas ediciones bíblicas), lo que permite encontrar fácilmente un pasaje que no recordamos dónde está o algo sobre un tema dado. A este respecto, hay otro tipo de concordancias, que agrupa las citas bíblicas por temas, lo cual ayuda grandemente para el estudio.

La guía del Espíritu Santo es más importante que la de todos los autores humanos

Estos suelen ser libros grandes y, por lo tanto, algo caros, pero es una inversión que se justifica. Lo mismo podemos decir de los comentarios, los libros escritos por gente versada que explican el sentido por lo común frase por frase y aun palabra por palabra. Otros son de tipo devocional, ayudándonos a descubrir la inspiración que hay en cada pasaje. Todo cristiano debe recurrir a ese tipo de literatura, pero siempre después de haber conocido a fondo la Biblia. La guía del Espíritu Santo es más importante que la de todos los autores humanos.

3. *Cómo debo leer.* Esta pregunta puede contestarse de muchas maneras. Ya hemos dicho algo al hablar de nuestra motivación para la lectura. Agreguemos a lo dicho, que debe hacerse todo lo posible para leer cómodamente, sin interrupciones (o sin darles demasiada importancia) y en un momento adecuado.

Hay dos formas básicas de leer la Biblia. Una es la que utilizamos cuando buscamos especialmente qué es lo que Dios quiere decirnos, o sea sustancialmente para nuestra *inspiración*. En este caso, la lectura debe ser cuidadosa, pero sin detenernos demasiado en los detalles, al menos hasta que alguno de ellos despierte nuestra atención, sea por tratarse de un mensaje especialmente oportuno, sea porque nos resulta novedoso. (Eso le seguirá pasando durante toda la vida: siempre habrá en la Biblia cosas que nunca notó antes).

La otra forma es la de *estudio*, cuando buscamos detenida y analíticamente conocer el contenido de la Palabra. Es bueno dedicar un tiempo distinto a cada cosa. Hay muchas formas de estudiar las Escrituras, para lo cual viene bien lo dicho en el punto anterior. Ese estudio puede hacerse, por ejemplo, libro por libro; es provechoso leer los libros bíblicos como fueron escritos, pues enseguida entendemos que una carta (o epístola) nunca es redactada en capítulos y versículos. Recordemos que éstos fueron agregados recién en el siglo XII y que, aunque ayudan mucho al estudio, también confunden a veces y que no fueron parte de la inspiración divina.

También se puede estudiar lo que se dice sobre un personaje, una idea o una palabra, sea anotando lo que vamos encontrando, sea guiándonos por alguno de los libros mencionados.

Eso nos obliga a algunas aclaraciones. La primera es que no hay ningún motivo para comenzar por el Génesis y seguir hasta el Apocalipsis. Repitamos que los 66 libros son obras independientes, que se pueden leer aisladamente. Así como para un judío lo lógico es comenzar por la Ley de Moisés, para un cristiano nada hay mejor que comenzar por los Evangelios. Decida usted si quiere empezar por el más breve (Marcos) o el más amplio (Lucas) para luego seguir por el de Juan, que presenta materiales distintos. Lo mejor es leer todo el libro seguido, pues es más breve que un diario, pero sea así o sea una lectura fragmentada, se la puede alternar con otras partes bíblicas. Puede ser el libro de los Hechos de los Apóstoles, que es la historia de los primeros años de la Iglesia. También puede ser alguna de las epístolas, como Filipenses, Colosenses, 1 Juan, 1 Pedro, que son breves o Romanos, que es más larga, o Efesios, que es más condensada. Al mismo tiempo, intercale los Salmos y luego los Proverbios y demás partes del Antiguo Testamento. Aunque debe dar prioridad al Nuevo, recuerde que Pablo dijo que "toda Escritura es inspirada por Dios" (1 Timoteo 3:16) ¡y que eso se refería al Antiguo Testamento, pues el Nuevo ni siquiera estaba totalmente escrito! Cuídese bien de leer *toda* la Biblia.

La otra pregunta práctica es la de cuánto debe leerse. Eso depende del motivo por el cual lee y de su práctica de leer en general. Si usted no es una persona muy lectora, quizá le convenga limitarse a un capítulo o trozo equivalente. Hágalo buscando en él qué es lo que Dios tiene para decirle a usted personalmente allí (otros agregan qué dice sobre él mismo, sobre Cristo y sobre el mundo). No deje de leer sin encontrar algo directo para usted. No hay valor en leer mucho apresuradamente sin profundizar el contenido. Por eso, hay quienes dedican tanto tiempo a la lectura como a la meditación posterior.

Sobre la lectura de la Biblia, se hacen las mismas preguntas que sobre la oración: ¿es necesario tener un método y un horario fijos? Siempre depende de cada uno, pero como orar es mucho más fácil que leer, ya que puede hacerse en cualquier parte y momento, el estudio y meditación de la Palabra reclaman mucha más disciplina y, por lo tanto, es mucho más probable que quien no decida cómo lo hará termine descuidándole.

Hay muchas guías impresas que son muy útiles. Algunas nos dirigen por temas y otras sobre cómo leerla en un año. Una forma interesante es ir leyendo en cinco partes simultáneamente, más o menos un capítulo o página diariamente a partir de cinco lugares diferentes, tres del Antiguo y dos del Nuevo Testamento (más o menos desde Génesis, 1 Crónicas, Eclesiastés, Mateo y Romanos).

Pero lo importante sigue siendo el espíritu con que se lee. Vale más un versículo leído con devoción, oración y meditación que cincuenta o cien páginas repasadas con apresuramiento o superficialidad.

3. LA RESPONSABILIDAD DEL TESTIMONIO

Cuando usamos la palabra "testimonio" en el lenguaje cristiano, nos estamos refiriendo a la acción de transmitir a otros el mensaje del evangelio, especialmente a través de nuestra propia experiencia. En el habla común, la palabra no se usa mucho y por lo general suele limitarse a la declaración que se hace ante el juez o la policía por parte de quien es considerado un testigo de algo. Por eso, es importante entender que, al decir que damos testimonio, es porque estamos seguros de que hemos conocido algo que es bueno que los demás sepan. Hay dos expresiones del apóstol Pedro que nos dan el sentido exacto. En Pentecostés, casi al terminar su mensaje, declaró:

> *A este Jesús resucitó Dios, de lo cual todos*
> *nosotros somos testigos.*

Hechos 2:32

Y delante de los sacerdotes que querían obligarlos a callarse, afirmó:

> *No podemos dejar de decir lo que hemos*
> *visto y oído.*

Hechos 4:20

Esta última valiente decisión nos demuestra precisamente que por un lado, es imprescindible haber conocido personalmente a Cristo para poder ser su testigo. Pero por el otro también nos dice que a quien ha tenido esa hermosa experiencia el deseo, más bien la necesidad, de hablar de ella es generalmente algo que surge naturalmente, como un fuerte imperativo. Salvo en el caso de personas que son sumamente tímidas o calladas, no hay que decirles que deben hacerlo, pero sí que hay que cuidar cómo se hace.

Es imprescindible haber conocido personalmente a Cristo para poder ser su testigo

1. *Por qué hay que testificar de Cristo.* Dios eligió a los hombres para extender su mensaje. Salvo excepciones rarísimas (un sueño, una visión), él no habla directamente ni lo hace por medio de ángeles. ¿Por qué debemos hacerlo nosotros?

- *Porque es un mandato de Cristo.* Los conocidos pasajes que conocemos como "la gran comisión" nos muestran al Salvador ordenando: "Me seréis testigos" (Hechos 1:8). Sus primeros discípulos debían comenzar por Jerusalén y terminar en "lo último de la tierra"; dicho en nuestro idioma, se refiere a nuestras relaciones (familiares, vecinos, amigos) hasta alcanzar aquellos pueblos donde aún nunca se ha predicado.

- *Porque la gente lo necesita.* Sea a quienes nos rodean, sea a aquellos de lugares muy distantes, se les aplica la gran pregunta de Pablo: "¿Cómo, pues, invocarán a aquel en el cual no han creído? ¿Y cómo creerán en aquel de quien no ha oído? ¿Y cómo oirán sin haber quien les predique?" (Romanos 10:14). No parece lógico que estemos mirando al costado para ver qué otro puede hacerlo, ni limitarnos a "orar al Señor de la mies que envíe más obreros a su mies", como dijo Jesús a sus apóstoles, o sea a los que ya estaban predicando. Es cierto que, en algunos casos, será mejor que otro lleve el mensaje, pero es sorprendente cómo Dios puede hablar por medio de quienes menos lo esperan. Por ejemplo, son muchos los casos en que una mucama o un criado han podido hablar a su patrón, cuando la "lógica" humana hubiera dicho que había que buscar alguien de su posición social.

- *Porque el mejor argumento es la experiencia.* Nadie puede discutirnos lo que nos ha pasado. Habrá muchos argumentos para discutir la doctrina o la historia, pero nadie podrá refutar lo que ha ocurrido en nuestro corazón. Es verdad que hay muchas experiencias engañosas, en particular en etapas posteriores de la vida cristiana, pero el encuentro con Cristo suele producir cambios tan notables que la misma expresión se transforma en un argumento más del que está llevando el mensaje.

Pablo dice con energía que Dios "nos dio el ministerio de la reconciliación... Así que somos embajadores en nombre de Cristo, como si Dios rogase por medio de nosotros; os rogamos en nombre de Cristo: Reconciliaos con Dios" (2 Corintios 5:18,20).

2. *Qué incluye nuestro testimonio.* Por supuesto, a nadie se le ocurre que el deber de testificar se cumple si vamos por la calle gritando: "Reconciliaos con Dios" o algo parecido (aunque algunos creen haber hecho todo lo que debían repartiendo folletos al azar, tratando de que nadie les pregunte algo). Aunque sea algo tan simple como decir lo que nos ha ocurrido, hay elementos que considerar.

- *Debemos tener una experiencia clara.* Hay que pensar antes de hablar. Podemos usar términos muy vagos o podemos limitarnos a contar lo que nos pasa a nosotros sin siquiera mencionar a Jesucristo o poniendo el mérito en una iglesia o predicador. Estos pueden ser el punto de partida para una invitación, pero el verdadero testimonio es el que dice qué es lo que el Salvador ha hecho en nosotros.

- *Debemos tener una vida adecuada.* Es muy común la historia de aquel que decía a un predicador: "Lo que haces habla tan fuerte que no me permite oír lo que dices". Muchos incrédulos se refugian en las fallas de los cristianos para no aceptar el cristianismo, lo que carece de sentido, pero no debemos darles argumentos. Si alguien pretende explicar cómo está llevando una nueva vida y lo hace embriagado, es muy difícil que su mensaje llegue a destino. En realidad, Satanás se cuidará de poner en evidencia cualquier pequeña falla de nuestra conducta, más allá de lo justo, pero debemos hacer todo lo posible para mostrar que somos hijos de la luz y no de las tinieblas.

- *Es bueno conocer algunas cosas básicas.* Aun cuando con seguridad lo que importa es la realidad de nuestra experiencia, sabemos que con seguridad el otro no aceptará nuestra palabra sin hacer preguntas. Por lo común, éstas se contestan con ideas de la Biblia o del sentido común. Por eso, es muy bueno que desde el principio nos ocupemos de saber cómo describe la Escritura nuestra experiencia y algunas cosas fundamentales sobre la iglesia. Una excelente costumbre es la de memorizar versículos bíblicos, lo cual, además de darnos armas para la lucha espiritual, enriquecerá nuestra propia vida.

- *Dependamos de Dios.* No actuamos por nuestra iniciativa, sino obedeciendo a Dios y contando con su sabiduría y poder espiritual, lo cual debe eliminar toda jactancia de nuestra parte. Cristo prometió a los suyos que el Espíritu Santo les daría las palabras necesarias cuando fueran llevados ante los tribunales. ¡Y la verdad es que a menudo precisamos más ayuda divina delante de un superior, un cuñado o un viejo amigo! Lo notable es la frecuencia con que un nuevo creyente comenta: "No sé de dónde me salió todo lo que dije". La respuesta bíblica es: del Espíritu de Dios que actúa en él.

3. *Cómo llevarlo a cabo.* No basta con sentir la obligación y aun la urgencia de llevar el mensaje; debemos cuidar bien de hacerlo de manera efectiva, pues si no, corremos el riesgo de estropear nosotros mismos nuestra tarea.

- *Usemos cuidado y prudencia.* Por lo común, la otra persona es sincera. Simplemente no conoce la verdad, porque está muerta para ella. Pero todos reaccionarán si se comienza atacándolos como gusanos llenos de podredumbre o frases similares, aun que inclusive pueden ser bíblicas, pero para ser usadas en otra circunstancia. Si bien es bueno que comencemos con nuestra propia experiencia, no debemos hacerlo con jactancia —pues el mérito no es nuestro— dando la impresión de que pretendemos una aureola de santidad. También debemos recordar qué cosas son sagradas para el otro; no comencemos discutiendo el lugar de la Virgen ni mencionado pecados de sacerdotes, si hablamos con un católico, por ejemplo. Hay que mostrar más amor que energía. Si el otro se burla, hay que responder con mansedumbre.

También hay que aprender a callar cuando es conveniente. A veces nuestro testimonio debe ser muy conciso, de pocas palabras, hasta que llegue un momento más adecuado para extendernos. En otros casos, es evidente que no estamos llegando y, luego de orar interiormente, debemos dejar que el Espíritu fructifique lo que sí pudimos sembrar. No hay valor (y aun puede ser negativo) intentar llegar profundamente en ciertas circunstancias como con una persona que está de duelo, sumamente alterada por algo que ocurre o con la gran tensión que produce una espera en un hospital; en esos casos, nuestra presencia y unas pocas palabras de fortaleza y aliento pueden ser todo lo que conviene. Muchas veces en situaciones así puede ser lo mejor la lectura, previa autorización, de un breve pasaje bíblico, bien seleccionado.

La actitud debe ser la de presentar la verdad y no la de entrar en un debate del que por lo general nadie sale ganador. Si pretendemos enfrentar al otro, quizá ganemos un argumento, pero perdamos al otro.

• *Nuestro mensaje debe ser con palabras.* Si bien hemos mencionado que hay cosas cuando conviene dar un testimonio silencioso de nuestro sincero amor e interés por el otro, hemos señalado que ello es sólo provisorio. Ya citamos la gran pregunta de Pablo de que nadie puede oír si no se le predica. La idea de que nuestras obras o nuestra conducta son un mensaje mejor que una explicación (predicada, conversada, escrita) es muy peligrosa. Los demás llegarán a alguna conclusión como de que ahora tenemos una "religión" que nos ha hecho bien, pero que, ¡ay!, ellos no conocen. Nadie llega a entender que es pecador y que Cristo murió por esos pecados, si no lo oye con todas las letras.

• *Se debe tratar de llegar hasta el fin.* Hablar de "el fin" en una labor de testimonio evangelístico es antes que nada lograr que la otra persona acepte la salvación en Cristo. Por supuesto, allí empieza una nueva etapa, que puede necesitar mucho tiempo y en lo que puede ser bueno hacer participar a otros, tal vez en el ministerio de la iglesia.

Esto no significa que el otro comprenda y acepte todo el primer día. En realidad, eso puede ocurrir y de hecho ocurre a menudo. Pero no es así en muchas otras cosas y no hay que desesperar ni enojarse con quien nos escucha. Hay un límite al que podemos llegar con nuestra persuasión; más allá todo depende de las condiciones, los prejuicios y la voluntad de cada uno. No olvidemos nunca que quien hace la obra en el corazón ajeno no es nuestra capacidad de exposición o demostración sino el Espíritu del Señor, a quien a veces no le permitimos hacer la parte que le toca en el tiempo que corresponde.

4. LA VIDA DE LA IGLESIA

La última instrucción que Jesús dejó a los suyos antes de regresar a la presencia de su Padre fue que permanecieran juntos. Él mismo había fundado un pequeño grupo de doce seguidores, a quienes llamó apóstoles, para enseñarles de tal modo que fueran luego los líderes de aquel grupo mayor, que fue de ciento veinte, y luego de la multitud de miles que se congregó por su trabajo a partir de Pentecostés. Durante su ministerio en dos oportunidades se refirió a la iglesia, como algo ya existente. Desde entonces el cristianismo no es concebible sin que los cristianos se reúnan. Hay una extraordinaria variedad de criterios en cuanto a la forma que esa reunión debe hacerse, pero no al hecho de que debe ser así.

La última instrucción que Jesús dejó a los suyos antes de regresar a la presencia de su Padre fue que permanecieran juntos

Eso significa que, cuando una persona entra a formar parte del cuerpo invisible de Cristo que es su Iglesia universal, no puede eludir el hecho de que también debe entrar a integrar un cuerpo local junto con aquellos a quienes desde ese momento puede llamar con derecho "hermanos".

1. *Para qué existe la iglesia.* Por si es necesario, repitamos que en este punto nos referimos exclusivamente a la iglesia en su sentido de congregación local. Al respecto, siempre deben recordarse que son varios los motivos que nos impulsan a encontrarnos con los demás creyentes.

- *Adorar a Dios.* La iglesia existe porque Dios existe y porque aquélla tiene conciencia de la majestad del Señor. La simple reunión ya es un acto de adoración. Pero por supuesto, podemos reunirnos con muchos criterios que dejan a Dios afuera o por lo menos que no lo consideran como alguien que debe ser adorado. Hay dos peligros que acechan a la iglesia. Uno es que todo eso nos haga tan rutinarios o que nos reunamos sin verdadera devoción, que lleguemos a ser, aunque eso suene fuerte, una especie de club religioso. A veces. declarando con o sin honestidad que estamos juntos para servir al Señor, en realidad lo que hacemos es servirnos a nosotros mismos, haciendo cosas agradables para nosotros, como cantar, confraternizar, etcétera. Nuestros cultos deben ser analizados con seriedad para ver si realmente son cultos o simples actos sociales.

El otro peligro es que demos tanta importancia a la adoración que caigamos en una actitud mística, en la cual nuestro gozo realmente esté puesto sólo en la comunión con Dios, haciendo a un lado a nuestros hermanos. Por eso, muchos de los grandes espíritus místicos, de los que tanto podemos aprender, fueron a menudo gente solitaria. La iglesia sólo existe cuando los demás son tenidos en cuenta y cuando lo que se goza se goza en comunidad. Por supuesto, es excelente que los cristianos aprendan a adorar a Dios a solas, en sus momentos de oración, como dijimos tratando este tema.

- *Predicar a los perdidos.* Cuando Jesús dijo a los suyos que permanecieran unidos en Jesuralén, era para esperar el poder que les permitiera salir a predicar "Hasta lo último de la tierra". La iglesia no puede considerar que está cumpliendo su misión si no lleva el mensaje salvador a los que no lo tienen; esa es la tarea que llamamos "evangelizar".

Es claro que cada uno puede evangelizar solo y esto es uno de los requisitos de la vida cristiana, pero ya sabemos que su capacidad tiene cierto alcance en la profundidad y en la extensión. Se necesitan esfuerzos combinados para llegar a tierras lejanas o para empresas como las publicaciones o la predicación por radio.

- *Capacitar a los salvados.* El evangelio no termina cuando recibimos a Cristo. En realidad, allí empieza. Pablo dice que debemos trabajar "a fin de perfeccionar a los santos para la obra del ministerio, para la edificación del cuerpo de Cristo, hasta que todos lleguemos a la unidad de la fe y del conocimiento del Hijo de Dios" (Efesios 4:12,13). Prosigue diciendo

que eso evitará las falsas doctrinas y hará crecer espiritualmente a cada uno y a todo el cuerpo.

En la iglesia encontramos a los que tienen más experiencia
y conocimientos que nosotros. Ellos nos ayudarán a descubrir el don que Dios nos ha dado y a desarrollarlo, de manera
que nosotros mismos nos afirmemos y podamos servir mejor
a los demás, creyentes y no creyentes.

- *Ministrar a los necesitados.* Ya en la iglesia de Jerusalén
  apareció gente que precisó de la ayuda de otros mejor pro-
  vistos materialmente. El sentido de amor que gobierna la
  iglesia no puede ser indiferente al sufrimiento de cualquiera
  de los suyos y debe proveer medios para que en lo posible
  ese sufrimiento termine. Del mismo modo, la iglesia tiene
  un papel que cumplir en la sociedad, sobre todo en situaciones críticas de catástrofes naturales, guerras y revoluciones,
  desigualdades sociales, etcétera. Si bien los principios cristianos han penetrado en la sociedad y hay muchas organiza-
  ciones oficiales o privadas que se ocupan de esas tareas,
  siempre queda lugar para que sólo por su espíritu de amor y
  servicio haya siempre una mano tendida hacia el necesitado.

2. **Cuál debe ser mi iglesia.** La diversidad de iglesias puede
producir confusión en algunos que recién comienzan el camino
cristiano. No importa ahora pensar si eso es bueno o malo; es un
hecho con que nos encontramos y lo mejor es adaptarnos a ello. En
realidad, el fenómeno no es tan grave como parece a simple vista.
Es cierto que Jesús oró "para que todos sean uno" (Juan 17:21),
pero hay diferencia entre unidad y uniformidad. En primer lugar, y
en líneas generales, todos creemos lo mismo en los temas básicos,
o sea los que estudiamos en el capítulo anterior. Por el otro lado, y
siempre en líneas generales, existe entre los evangélicos un sentido
real de fraternidad, que hace que no se niegue al otro el título de
"hermano", aunque a veces eso no se manifieste en formas concretas. Pero si cada cual ara en su propio surco, tenemos conciencia de
que entre todos estamos cumpliendo la obra de Dios.

Trazar un cuadro elemental del mundo cristiano llevaría demasiado tiempo. Siempre hubo divisiones, pero durante el primer
milenio de la historia cristiana predominó el deseo de mantener la
unidad de la Iglesia, aunque eso a veces llevó a crueles persecuciones.

Las iglesias orientales (que llamamos "ortodoxas") se separaron por distintas cuestiones y siguen así en Rusia, Grecia y otros países. En el siglo XVI se produjeron simultáneamente en Europa varios movimientos que buscaban la doctrina neotestamentaria y la pureza de costumbres en la Iglesia. Se les dio el nombre de "protestantes" porque declararon en un documento, escrito en latín "*Protestamos*", lo que quiere decir "Afirmamos". Sin embargo, la palabra se ha usado despectivamente y por eso en América Latina se suele preferir la palabra "evangélico", que surgió hace unos doscientos años en otro movimiento renovador, que produjo la mayoría de los esfuerzos misioneros que trajeron las Buenas Nuevas al continente. No importa mucho el estudio de las sutilezas de esos términos.

Dentro del mundo evangélico, hay también grandes variedades que se han producido por razones de su origen, de cuestiones históricas o doctrinales, generalmente de menor importancia. Por eso, aunque no estemos de acuerdo en algunos puntos, bien podemos sentirnos hermanados con todos.

La necesidad de preservar la fe es más importante que detalles de cortesía

Agreguemos que existen muchos grupos menores, como los coptos en Egipto o el Líbano, o los movimientos más modernos que tienen doctrinas no aceptables por los demás cristianos; generalmente son muy activos y causan problemas, ya que trabajan mucho entre los creyentes. Para ellos nos exhorta el apóstol Juan en la segunda epístola: "Si alguno viene a vosotros y no trae esta doctrina (sobre Cristo), no lo recibáis en casa, ni le digáis: ¡Bienvenido!" La necesidad de preservar la fe es más importante que detalles de cortesía. Entre ellos se encuentran los Testigos de Jehová, los mormones, los nuevos apostólicos, la ciencia cristiana y muchos más, incluyendo a algunos más recientes como el de la Nueva Era.

Casi siempre un nuevo cristiano nace a la fe en relación con una iglesia o una denominación, que es como se llama a esas distintas corrientes. Pero algunas veces debe escoger y la pregunta se hace difícil y sólo puede ser respondida con una decisión personal. Algunos de los criterios tienen que ver con la doctrina: si colocan a Cristo en el lugar central y si son fieles a la doctrina bíblica. Por otro lado, muchas de esas diversificaciones surgen porque también somos distintos los seres humanos unos de otros; de allí que quienes sean más emotivos o más razonadores se sientan más "en casa" en iglesias donde el culto se practica según esa forma de ser. Por supuesto, el argumento de que debemos sentirnos "cómodos" en la iglesia es sumamente peligroso. Quizá nuestra incomodidad procede de que se condena un pecado que no queremos dejar o que se insiste en que debemos servir en algo que nos exige esfuerzo o sacrificio. Esa sí es un pregunta vital: qué servicio podemos prestar con felicidad y aceptación, sin que ello signifique ocupar tal o cual posición.

3. *Cuál debe ser mi relación con la iglesia.* Si se necesita una decisión para determinar a qué iglesia vamos a pertenecer —y en cierto modo, siempre tiene que haber una decisión— ésta debe ser tomada seriamente, ya que no se la puede estar cambiando. Una iglesia no es una sociedad o un club al cual nos afiliamos y afiliamos a otros. La iglesia *somos* nosotros. Siguiendo el ejemplo de Pablo en 1 Corintios 12 y otro pasajes, es un cuerpo en el que yo soy el brazo, el pie, la oreja o el oído. Por tanto, no puedo ni despreciar a mi hermano que ha recibido de Dios ser algo distinto que yo, ni puedo decir tampoco que yo —que soy, digamos un oído— puedo separarme cuando se me ocurra.

Podemos dar a eso el nombre de "fidelidad". Cuando hemos elegido nuestra iglesia, debemos ser fieles a ella, o sea que no es ni bueno ni lógico pensar en dejarla, salvo por razones muy serias (como falta de lealtad a la doctrina, problemas morales muy serios o cosas positivas como ser llamados a las misiones). El nuevo creyentes suele pasar por una etapa de desilusión, al comprobar que los demás no son ángeles sino seres humanos ... como él. Pasa como con Cristo que tuvo un Judas, un Tomás que dudaba, un Felipe que no entendía. La otra tentación es la de comparar la propia iglesia con otras; al conocerlas poco, siempre nos parecerá que son mejores, en su número, su trabajo, su trato, etcétera. Debemos respetar y amar a las demás iglesias —inclusive de otras denominaciones— sabiendo que son parte del cuerpo de Cristo, pero hemos de ser leales a la propia.

Nuestra ofrenda es un acto de adoración por el cual reconocemos que todo lo que

**somos y tenemos pertenece a Dios
y demuestra nuestro amor a él
y al prójimo a quien queremos llevar
la plenitud del evangelio**

Lo demostramos con nuestra participación. La vida cristiana no es algo de Navidad o la Pascua. La relación debe ser tan continua como la respiración o la comida. De una manera u otra, hay un programa que respetar; lo que ha sido resuelto por los canales correspondientes debe ser respetado. Lo será con nuestra asistencia, nuestro trabajo y nuestro entusiasmo.

Algo importante es nuestra ofrenda. La iglesia existe basado en lo que dan sus miembros. Naturalmente, no ofrendamos porque hay que cubrir los gastos, pagar el sostén del pastor y demás obreros o levantar un edificio. Todo eso es cierto, pero nuestra ofrenda es, antes que nada, un acto de adoración por el cual reconocemos que todo lo que somos y tenemos pertenece a Dios y demuestra nuestro amor a él y al prójimo a quien queremos llevar la plenitud del evangelio. Ofrendar es un privilegio de todos: mucho los ricos, poco los pobres, pero siempre con espontaneidad, alegría y si es necesario, sacrificio. Debe ser hecho con disciplina y seriedad.

Debe ponerse especial cuidado en obedecer lo que Cristo dejó establecido en las ordenanzas: todo creyente debe bautizarse y debe participar de la Cena del Señor. Las iglesias difieren en la forma, el momento y otros aspectos, pero hemos de ser fieles a las prácticas de nuestra congregación. Asimismo se debe reconocer y respetar a quienes dirigen la obra del Señor, casi siempre conocidos como "pastores". También hay diferencia en cuanto a sus funciones, forma de designación, cómo se les retribuye o se les concede autoridad; debemos educarnos a lo que ha sido determinado por la iglesia que elegimos y cumplir con ella, sin reacciones negativas después.

4. *Cómo aprovechar del culto.* El momento culminante de la vida de la iglesia es cuando se reúne en lo que solemos llamar "culto". Eso ya significa que para aprovechar esos instantes, debemos estar en comunión con Dios. Es muy bueno llegar temprano, ocupar un lugar donde no seamos distraídos y concentrarnos en la oración y la lectura bíblica. Toda conversación, a veces inevitable, nos acerca a los demás, pero a la vez nos distancia de un espíritu de devoción.

El culto es un acto de participación. Por supuesto, cada cual lo hace de una manera diferente

Debemos participar en todos los elementos del culto, que no se hacen por costumbre. Hemos de cantar con fervor a la hora de cantar, seguir la lectura bíblica en nuestro propio ejemplar, escuchar atentamente lo que se informe sobre las actividades y fijar toda nuestra atención en el mensaje. Al mismo tiempo, nos corresponde ser respetuosos de los demás. Si hay cosas que a mí no me distraen en exceso —como un breve comentario con el que está al lado—, hay que pensar que sí puede perturbar gravemente a otros, lo que es un serio pecado.

El culto es un acto de participación. Por supuesto, cada cual lo hace de una manera diferente. En general, hay un solo predicador, pues en nuestros países no tenemos costumbres como entre los rusos que, por su forma de ser o por aprovechar cuando la persecución les permitía, tenían tres o más mensajes. Pero si uno participa hablando, los demás participan escuchando. Todos participamos cantando, que es el gran aporte de las iglesias evangélicas. En algunas congregaciones, se puede participar orando de viva voz, dando testimonio, diciendo "Amén" o "Aleluya" (lo que quiere decir "Así sea" o "Gloria a Dios" y debe ser dicho en su momento) o simplemente alabando a Dios en su corazón. Si el culto es a él, lo que importa es que él nos dé su aprobación y no los demás ni siquiera nosotros mismos.

En este tema, las variaciones son enormes y son una prueba de la riqueza del evangelio, que tiene algo que dar a cada cultura. Lo que es importante es que no sea esa cultura, las costumbres y modas del mundo, lo que determinan qué será nuestro culto. En ese caso, podremos disfrutar realmente pero, sin darnos cuenta, no estaremos siendo enriquecidos.

5. UN NUEVO CRITERIO DE VIDA

La vida cristiana es una nueva vida en todo el sentido de la palabra. Pero ello lo experimentaremos plenamente cuando estemos en la gloria, en perfecta comunión con el Señor y sin nada de este mundo que nos interfiera en el deseo de vivir totalmente para él. Mientras estemos aquí, sea para disfrutar de lleno lo que Dios nos ofrece, sea para dar un buen testimonio ante los demás, hay muchas cosas que debemos tener en consideración. A veces algunas de ellas se resuelven solas, pero en otros casos exigen una lucha prolongada y a veces desgastante. Para todo, siempre hemos de recurrir a la ayuda divina por los medios que ya señalamos (la oración, la lectura de la Biblia, la ayuda de la iglesia, etcétera). Como no podemos repetir todo lo que nos dicen las Escrituras sobre esta nueva vida, especialmente en las epístolas, anotemos algunas cosas básicas.

1. ***Cuidemos de nuestros pensamientos,*** con lo que no sólo nos estamos refiriendo a los razonamientos de la mente, sino a todos los impulsos internos, las inclinaciones, las reacciones y todo lo demás que brota de nuestro corazón. Si bien es cierto que muchas de esas cosas vienen como fruto de nuestro ambiente o nuestra educación, siempre pueden ser controladas, sobre todo cuando tenemos conciencia de ellas delante de Dios. La mayoría son producto de la forma en que las alentamos con nuestra vida diaria.

Pablo nos exhorta a ser positivos:

> *Todo lo que es verdadero todo lo honesto, todo lo justo, todo lo puro, todo lo amable, todo lo que es de buen nombre; si hay virtud alguna, si algo digno de ser alabado, en esto pensad.*

> Filipenses 4:8

Cuando estamos delante del prójimo, nuestra pregunta es o debe ser qué tiene de bueno; debemos huir de los círculos donde siempre se critica a los otros.

Debemos cultivar la limpieza. Si leemos cosas sucias, si nos reunimos con quienes usan un lenguaje o bromas profanos, si nos detenemos ante espectáculos obscenos, muy fácilmente nuestra mente los asimilará y se irá tras ellos. No es fácil saber dónde está el límite porque es distinto para cada uno. Por ejemplo, una película de televisión que perturba a alguien, quizá no haga mucho efecto en otro, sea por la propia personalidad. Lo importante es, siguiendo el ejemplo, que tengamos la fuerza de voluntad dada por Dios de apagar el aparato apenas comprendemos que comienza a perturbarnos o a traernos pensamientos incómodos o malos. El control depende de nosotros más que de normas impuestas exteriormente.

Aunque no hay que ser extremista, cuando se refiere a nosotros mismos, es preferible una actitud severa.

2. *Nuestra forma de hablar demuestra lo que somos,* como dijo el Señor: "De la abundancia del corazón habla de boca" (Mateo 12:34). Para algunos, acostumbrados a usar un lenguaje descuidado, puede ser difícil borrar todo eso de sus labios. Pero tenemos que ser estrictos con nosotros mismos y con quienes dependen de nuestra educación. No importa que ahora sea mucho más común usar palabras soeces que antes o que se las oiga en la radio, el cine y la televisión (es buena señal si a usted eso le molesta, al extremo de cambiar el programa). Como dijo Pablo:

Ninguna palabra corrompida salga de vuestra boca, sino la que sea buena para la necesaria edificación, a fin de dar gracia a los oyentes... Pero fornicación y toda inmundicia, o avaricia, ni aun se nombre entre vosotros, como conviene a santos; ni palabras deshonestas, ni necesidades, ni truhanerías, que no convienen, sino antes bien acciones de gracias.

Efesios 4:29; 5:3-4

Suele ocurrir que esto es una de las cosas que los incrédulos captan antes en los creyentes.

3. *Nuestras relaciones definen nuestros intereses,* o por lo menos la forma en que las mantenemos. No podremos cambiar de vecindario y posiblemente de trabajo, pero podemos tener una nueva relación con todos.

Hay algunos aspectos que son más importantes. Nuestras amistades no pueden ser necesariamente todos creyentes, pero es dudoso que debamos seguir tratando íntimamente a los que tratan de alejarnos del Señor.

Lo más importante es nuestra vida familiar. Leamos lo que dicen las epístolas a los Efesios y a los Colosenses. En el matrimonio debe haber amor, comprensión y paciencia. Cuando uno de los dos no es creyente, el que sí lo es debe ganar al alto por su actitud (1 Pedro 3:1). Los deberes familiares no disminuyen cuando se acepta a Cristo, sino que aumentan y él puede darnos sabiduría para complementar ambas cosas. También se podría hablar largamente de la relación entre hijos y padres, así como con todos los demás parientes, que a veces insumen más tiempo del que es lógico perjudicando no sólo la relación con Dios y la iglesia, sino también con aquellos a quienes más nos debemos: nuestros cónyuges y nuestros hijos o padres. Este es un tema sumamente extenso, que apenas si podemos enunciar aquí:

4. *El cuidado de nuestro tiempo traerá buena influencia* en muchas otras cosas. El cristiano debe aprender a ser ordenado. Por algo muchos no aceptan la nueva vida o se enfrían en ella diciendo: "No tengo tiempo". ¿Qué hacemos con nuestro tiempo? Aun concediendo que algunos deben llegar a extremos para obtener la subsistencia, es bueno pensar si no estamos perdiendo salud o afectos por tener algo que nos es prescindible. En realidad, generalmente tenemos más tiempo del que nos damos cuenta y lo usamos para leer, ver televisión, hablar por teléfono, hacer visitas, asistir a espectáculos y muchas otras cosas que pueden ser muy buenas... si no nos privan de las mejores: nuestro contacto con Dios, con la iglesia y la familia.

5. *Es importante poner cuidado en el uso del dinero.* Es aquí donde fallan gran número de cristianos. Debemos aprender a ser estrictos y separar nuestra ofrenda en el primer momento. Luego debemos reservar dinero para los gastos imprescindibles. Debe hacerse todo lo posible por no tener deudas y si hemos necesitado recurrir al crédito (por ejemplo, para comprar una casa) debemos pagar puntualmente. No es bueno que los creyentes hagan negocios entre sí; la excesiva confianza hace que nos descuidemos en el registro de las cuentas y luego la memoria de uno dice algo distinto que la del otro; jamás deje de pagar lo que deba a alguien porque éste sea su hermano en la fe.

6. *Aprenda a vivir de acuerdo a los mandamientos* de Cristo y no a las costumbres del mundo.

> *No os conforméis a este siglo, sino transformaos según la renovación de vuestro entendimiento, para que comprobéis cuál sea la buena voluntad de Dios, agradable y perfecta.*
>
> Romanos 12:2

Cuando Pablo hablaba de "siglo" se refería a lo que ocurre en el mundo en general pero también se aplica a lo que pasa ahora. Es notable la importancia que ha tomado la moda en nuestros tiempos. Es fácil dejarse dominar por ella, ya que maneja los medios de propaganda. Naturalmente, nadie se vestirá como en el siglo XVIII. En algunos lugares, usar corbata puede significar un acto de menosprecio hacia la gente pobre que nunca tuvo una, y en otros ir a la iglesia sin ella será una falta de reverencia. Hay que conocer bien lo que se siente en cada lugar y sin atarse hasta la esclavitud, respetar los usos habituales para la vestimenta, sobre todo en la iglesia, cuando ello tiene algún significado de importancia. Pero a la vez, sin caer en un conservadorismo extremo, hay que cuidar de no dejarse dominar por el comercio que a veces no repara en los aspectos morales sino sólo en su ganancia.

Esto se refiere a todos los aspectos de la vida. Por ejemplo, ¿qué música escuchamos o cantamos? ¿La que está de moda o la que realmente nos atrae y que tiene calidad? O sea, ¿quién maneja nuestros gustos y sentimientos? El cristiano sólo puede ser manejado por Dios. Una actitud así dará una sensación de libertad que permitirá entonces si escuchar o leer o contemplar de todo agradeciendo a Dios por ello.

Estas son algunas de las cosas más elementales que debemos cuidar, cada cual irá descubriendo cuáles son otras. Es bueno analizar la vida de acuerdo con pasajes como Romanos 12 y Efesios 4 y 5.

Al término de esta plática con el lector, el autor quiere hacer suya la oración del apóstol Pablo por los creyentes de Corinto, que tenían tantas luchas y, por lo mismo, tantas victorias:

Gracias doy a mi Dios siempre por vosotros, por la gracia de Dios que os fue dada en Cristo Jesús; porque en todas las cosas fuisteis enriquecidos en él, en toda palabra y en toda ciencia; así como el testimonio acerca de Cristo ha sido confirmado en vosotros, de tal manera que nada os falta en ningún don, esperando la manifestación de nuestro Señor Jesucristo; el cual también os confirmará hasta el fin, para que seáis irreprensibles en el día de nuestro Señor Jesucristo. Fiel es Dios, por el cual fuisteis llamados a la comunión con su Hijo Jesucristo nuestro Señor.

1 Corintios 1:4-9

Así sea con cada uno de los lectores.